Marian Sommer

Das Einmaleins
der Hebelzertifikate,
CFDs und Optionsscheine
für Einsteiger

Die Komplettanleitung
zu den Hebelprodukten:
KO-Zertifikate, Calls,
Puts, Discount-Optionsscheine,
Mini-Futures und CFDs.

Mit Anwendungsbeispielen und
Risikomanagement für das Trading.

Impressum

© Copyright: 2024

MARISO AKADEMIE
Marian Sommer
Leo-Tolstoj-Straße 17k
60437 Frankfurt am Main

Herstellung und Verlag: BoD – Books on Demand, Norderstedt
ISBN: 9783758330643

Haftungsausschluss und Hinweis zu Literaturquellen

Der Inhalt dieses Buches stellt keine Anlageempfehlung dar, sondern ist eine Information über die Funktionsweise von gehebelten Finanzinstrumenten.
Hebelprodukte, insbesondere CFDs, sind komplexe Finanzprodukte mit hohem Verlustrisiko. Für Vermögensschäden, die Anleger aufgrund des Kaufs dieser Produkte erleiden, haftet der Autor nicht. Dieses Buch hat kein Literaturverzeichnis, denn der Autor hat externe Quellen direkt im Manuskript gekennzeichnet. Das Fachwissen für die Erstellung dieses Buches ergibt sich aus der langjährigen Berufserfahrung und dem speziellen praxiserprobten Fachwissen des Autors.

Die in dem Buch angesprochenen Indizes sind eingetragene Marken der Deutschen Börse AG, Stoxx Ltd, Nasdaq oder S&P Dow Jones Indices.

Eine Auflistung ist auf den jeweiligen Seiten zu finden:
https://www.boerse-frankfurt.de/markenrechte
https://indexes.nasdaqomx.com/Home/Trademarks
https://www.spglobal.com/spdji/en/disclaimers/

Inhalt

„Wenn 80 Prozent der Kleinanleger mit Hebelprodukten Geld verlieren, sollte man wie die anderen 20 Prozent vorgehen, um Gewinne zu erzielen."

Marian Sommer

Vorwort

Hebelprodukte sind ein sehr heikles Thema. Die Bundesanstalt für Finanzaufsicht (BaFin) hat im Juli 2019 Leitlinien für CFD-Anbieter veröffentlicht, die genau vorschreiben, wie CFDs zu vermarkten sind, um den Verbraucher zu schützen. Seitdem ist zumindest bei CFDs in Werbeanzeigen aufgeführt, wie viel Prozent der Nutzer Geld bei dem jeweiligen Anbieter verlieren.

CFDs sind nur eine Variante von Hebelprodukten. Ich habe mich mit allen gängigen Produkten beschäftigt, doch die Tatsache allein, dass ich das Wort CFD im Buchtitel habe, schränkt die Vermarktung dieses Buches ein. Ich bin jedoch kein Finanzdienstleister, sondern Autor und habe dieses Werk auch nicht im Namen eines Emittenten geschrieben.

Ich habe sechs CFD-Konten während der Manuskripterstellung eröffnet, dabei hat niemand mein Einkommen oder meine finanziellen Verhältnisse ernsthaft geprüft. Es gab zwar Fragenbögen, doch diese waren kein Schutz, denn meine Angaben hat niemand gecheckt. Werbeeinschränkungen helfen deshalb wenig, den Privatanleger vor möglichen großen Verlusten zu schützen.

Ich habe mich dazu entschieden, CFDs im Buchtitel nicht wegzulassen – meine Leser sollen nach der Lektüre genau wissen, was sie erwartet. Sie sollen alle Hebelprodukte kennen und, falls sie diese anwenden, genau wissen, was sie tun.

Bedanken möchte ich mich an dieser Stelle bei Dr. Marko Gränitz, André Stagge, Stefan Fröhlich und Kemal Bagci, die mich bei der Bucherstellung durch Gegenlesen, Interviews oder Materialbereitstellung unterstützt haben.

Die Macht des Hebels

Im Juli 2008 kaufte ich für 200 Euro ein Hebelzertifikat auf den Nasdaq-100, als dieser bei 1988 Punkten stand. Ich wettete auf die fallenden Kurse und darauf, dass der Nasdaq nicht mehr über 2000 Punkte steigen sollte. Bei Berührung der 2000-Punkte-Marke wäre das Zertifikat wertlos geworden, das war mein Risiko.

Zwei Tage später verkaufte ich es mit großer Freude für 400 Euro, als der Nasdaq auf 1976 Punkte gefallen war. Die Freude währte nicht lange. Sechs Monate später, die Finanzmarktkrise war am Wüten, hätte ich es für 20.000 Euro (!) verkaufen können.

Das wären 9.900 Prozent Gewinn gewesen! Damals stand der Index bei 1065 Punkten.

Ungefähr neun Monate später war das Zertifikat wertlos. Der Markt hatte sich erholt und die 2.000 Punkte überschritten. So schnell konnten 20.000 Euro auch wieder weg sein. Anfang 2024 notierte der Nasdaq bei über 18.000 Punkten.

Als ich den ersten Leuten von meinen Plänen berichtete, ein Buch über Hebelzertifikate zu schreiben, sah ich meist in leuchtende Augen. Mit wenig Einsatz in kürzester Zeit sehr viel Geld machen, vielleicht sogar 100 Prozent in ein bis zwei Tagen. Viele träumen davon und haben vielleicht sogar Hebelprodukte schon ausprobiert. Häufig endet es im Verlust, nicht selten sogar im Totalverlust. Sollte es doch mal erfolgreich gewesen sein, geht es ein anderes Mal schief und vernichtet alle bisher erwirtschafteten Gewinne. Doch muss das sein?

80 Prozent der Privatanleger verlieren mit Hebelprodukten vermutlich ihr Geld, im Falle von CFDs ist es keine Vermutung, denn CFD-Anbieter müssen die Verlustquoten veröffentlichen. Das liegt sicherlich nicht am Hebelprodukt an sich, sondern an dem Glauben, kurzfristige Marktschwankungen gesichert vorhersagen zu können. Auch mit ungehebelten Produkten wie ETFs würde die Verlustquote beim kurzfristig orientierten Handel vermutlich bei 80 Prozent liegen. Mit Hebelprodukten ist das Geld einfach nur schneller weg. 20 Prozent der Marktteilnehmer erleiden jedoch keine dauerhaften Verluste – es muss also irgendwie doch möglich sein, zu den Börsengewinnern zu gehören.

Ich selbst habe einen Glaubensgrundsatz, den ich an den Finanzmärkten verfolge und der mich auch beim Schreiben dieses Buches begleitet hat. Um an der Börse zu gewinnen, darf ich nicht das tun, was 80 Prozent der Marktteilnehmer machen, denn diese erleiden Verluste. Das gilt nicht nur für die Börse, es gilt für den Beruf, der Lernmethode in der Ausbildung, vermutlich auch für jedes Hobby. Die erfolgreichen ihrer Klasse machen immer etwas anders.

Doch genug der Philosophie. Zurück zu Geld, Aufregung, Handel, Märkte, Gewinne und Verluste – kurz Börse.

Den Disclaimer, dass ich keine Anlageempfehlungen oder Aufforderungen zum Kauf von Hebelprodukten gebe und das Buch nur zu Informationszwecken geschrieben habe, gab es bereits am Anfang des Buches. Das Risiko, auf das ich noch mehrfach in dem Buch hinweisen werde, trägt jeder selbst. Wer dennoch Hebelprodukte kauft – ich selbst mache es auch – sollte nach dem Lesen dieses Buches deutlich bessere Chancen haben, zu den Investoren zu gehören, die wirklich verstehen, was sie kaufen. Das Produktverständnis ist meines Erachtens ein wichtiger Baustein, um mit Hebelprodukten gewinnbringend zu handeln und die Risiken realistisch im Griff zu haben.

Ich habe noch einen zweiten Glaubensgrundsatz an der Börse: Es sind häufig die Kleinigkeiten, die über positive oder negative Performance entscheiden. Niemand hat eine Glaskugel und weiß, ob die Aktien morgen steigen oder fallen werden. Aber wir haben mindestens eine 50:50-Chance, wenn wir eine Entscheidung darüber treffen. Kleinigkeiten können daraus eine 55:45-Chance zu unseren Gunsten machen. Zu den vermeintlichen Kleinigkeiten gehören die Produktauswahl, aber auch die Anbieterauswahl, das Setzen von Stoppkursen oder der richtige Kapitaleinsatz.

Ich werde einiges zeigen, was 80 Prozent der Privatanleger nicht beherzigen. Das gilt auch für institutionelle Fondsmanager, doch die werden allein schon vom Gesetz gezwungen, Risikomanagement zu betreiben. Deshalb sind zwar in Investmentfonds Verluste möglich (und das leider nicht selten), doch Totalverluste habe ich noch nie gesehen. Anders sieht es in Privatdepots aus.

Ich habe keine Werbebroschüre mit diesem Buch erstellen wollen. Ich zeige Ihnen die Hebelprodukte, die wirklich wichtig sind. Die Produkte versuche ich mit einfachen Worten zu erklären, manchmal werde ich auch einprägsame Vergleiche zu Nichtfinanzprodukten ziehen, damit sie besser zu verstehen sind. Bei Rechnungen versuche ich, wenn möglich, auf Daumenregeln zurückzugreifen. Zu einigen Produkten habe ich unterschiedliche Finanzdienstleister am Ende der Kapitel interviewt. Der Leser kann letztlich mit seinem in diesem Buch erworbenen Wissen die Antworten besser einschätzen und bewerten, als es vor der Lektüre der Fall war.

Damit ich wertvolle Praxistipps geben kann, habe ich alle Hebelprodukte selbst gehandelt. Manches Produkt kenne ich länger, so habe ich etwa 2005 meinen ersten Optionsschein (auf Porsche) gekauft. Nachdem ich bei einem Zertifikate-Emittenten 2008 meine Karriere in Frankfurt am Main gestartet habe, kaufte ich auch die ersten Hebelzertifikate und eröffnete das erste CFD-Konto. Kurze Zeit später habe ich bei einer Fondsgesellschaft angefangen und die institutionellen Hebelprodukte (Futures, Optionen, Swaps) gehandelt.

Neutrale Bücher (also keine Werbebücher) über Hebelzertifikate gibt es wenig und die meisten sind dazu schon sehr alt. Ich habe 2021/2022 alle Produkte gehandelt und mehrere CFD-Konten eröffnet, um am Puls der Zeit zu sein. Sie sollten am Ende des Buches die wichtigsten Hebelprodukte verstehen, sie anwenden können und mit dem Risikomanagement die Grundlage haben, dass Sie nicht zu den 80 Prozent Verlierern gehören.

Ich habe in dem Buch für eine flüssigere Lesbarkeit nicht gegendert, das bitte ich zu entschuldigen.

Die Macht des Hebels, welcher die Faszination von Hebelprodukten ausmacht, ergreift Frauen wie Männer gleichermaßen. Diese Faszination werde ich keinem potenziellen Händler oder keiner potenziellen Händlerin nehmen. Wir fangen jetzt mit den Grundlagen an und steigern uns dann mit dem Produktwissen. Anschließend kommt die praktische Anwendung und zum Schluss versuchen wir, unser Risiko zu minimieren.

Wir läuten die Börsenglocke und starten.

 Derivategrundlagen

Börsenbegriffe und Händlersprache

Bevor wir uns den Optionsscheinen und Zertifikaten im Speziellen widmen, brauchen wir Grundlagen. Ich werde immer wieder Begriffe im weiteren Verlauf verwenden, die Sie in die Welt der Börse versetzen und mitschwimmen lassen. Wenn Sie Internetforen lesen oder ein Gespräch unter Fachleuten verfolgen, sollen Sie nicht auf der Strecke verloren gehen. Die fettgedruckten Begriffe sind typische Fachbegriffe bei Handel mit Hebelzertifikaten, die ich sofort erläutere. Ich habe sie zusätzlich im Glossar zum Nachlesen oder Wiederholen noch einmal aufgeführt.

Long/Short – die Seite

Kaufe ich etwas, was wertvoller werden soll, wenn Kurse steigen, bin ich **Long**. Sollte ich etwas erwerben, was wertvoller werden soll, wenn Kurse fallen, bin ich **Short**. Man sagt auch ich bin Long oder Short **positioniert**, oder ich habe eine Long- bzw. Short-**Position**. Käufer und Verkäufer, wovon auch immer, stehen auf **Seiten**. Die Investoren mit der Long-Position auf der Käuferseite und die anderen auf der Verkäuferseite. Wollte ich Long gehen und bin aus Versehen Short gegangen (oder habe verkauft statt gekauft), dann habe ich die **falsche Seite** gehandelt.

Bulle/Bär – die Marktmeinung

Der Bulle symbolisiert an der Börse steigende Kurse. Der Bär ist das Gegenstück für die fallenden Preise. Es kann deshalb **Bullenmärkte (Bull-Market)** oder **Bärenmärkte (Bear-Market)** geben. Seitwärtsmärkte gibt es im Übrigen auch, ein Symbol dafür aber nicht.

Investoren, die steigende Märkte erwarten, sind **bullisch**. Die Pessimisten sind **bearisch**.

Wenn die Märkte eine längere Zeit hintereinander steigen, es also einen Bullenmarkt gab, dann nennt man diese Phase auch Hausse. Das Gegenteil davon, die länger fallenden Märkte, werden Baisse genannt.

Die P/L – das Handelsergebnis

Ob Long, ob Short, das Geld ist fort. Oder auch nicht. Das Ergebnis von Kapitalmarktaktivitäten drückt sich in Form eines Gewinnes oder Verlustes unter dem Strich aus. Das nennt man unter Händlern die **P/L**. Es steht für „Profit and Loss" (deutsch: Gewinn und Verlust) und wird englisch „Pie en EL" ausgesprochen.

Auf dem Weg zur P/L können Sie sich in der Verlustzone befinden, Sie liegen dann **hinten**.

Sind Sie in der Gewinnzone, so liegen Sie **vorne**.

Trading versus Investitionen

Kaufen Sie ein Produkt, mit dem Sie langfristig investieren wollen, dann ist es eine **Investition**. Typischerweise sind dies Produkte mit unendlicher oder langer Laufzeit. Eine Ausnahme können Anleihen mit geringer Laufzeit oder Festgelder sein.

Das kurzfristige Investieren wird **Trading** genannt. Dabei werden kurzfristig zu erwartende Preisbewegungen gewinnorientiert ausgenutzt, meistens mit Derivaten. Diese Geschäfte werden **Trades** genannt und uns in diesem Buch verfolgen. Wird innerhalb eines Tages gehandelt und keine Position über Nacht gehalten, sprechen wir von **Day-Trading**.

Spezielle Derivatebegriffe

Ein Derivat ist ein Produkt, dessen Wert sich von einem anderen Finanzprodukt ableitet, das **Underlying** oder auf Deutsch der **Basiswert**. Steigt ein Derivat um eine Einheit, wenn sich der Basiswert um eine Einheit erhöht, so spricht man von einem **Delta-1** Derivat.

Das **Delta** drückt die Änderungsgeschwindigkeit des Derivats aus, wenn sich der Basiswert bewegt. Ist das Delta bei 0,5, so bewegt sich das Derivat um eine halbe Einheit (zum Beispiel 50 Cent), wenn der Basiswert sich selbst um eine Einheit (zum Beispiel 1 Euro) verändert hat.

Die **Margin** ist ein weiterer wichtiger Begriff und bedeutet Sicherheitsleistung. Einige Derivate können mit wenig Geldeinsatz gehandelt werden, weil nur ein Prozentsatz des eigentlichen Investitionswertes (die Margin) hinterlegt werden muss. Verluste können aber genauso entstehen wie beim direkten Erwerb des

Investitionsobjektes. Deshalb wird eine Sicherheitsleistung gebraucht, aus der sich bei Verlusten im Notfall ein Gegenspieler bedienen kann. Der Gegenspieler oder **Kontrahent** (englisch: counterpart) ist derjenige, der ein gegenteiliges Geschäft macht. Wenn ich kaufe, muss mir jemand etwas verkaufen. Wenn ich später verkaufe (hoffentlich mit Gewinn), brauche ich einen Gegenspieler, der mir meine Investition wieder abkauft.

Wenn ich an einer Derivatebörse handle, kenne ich den Kontrahenten nicht, was nicht nötig ist. Zwischen ihm und mir steht die Börse. Die Börse erhebt die Sicherheitsleistung und sorgt dafür, dass jeder sein Geld bekommt oder zahlt.

Spezielle Zertifikats-Begriffe

Verspricht Ihnen eine Bank eine Auszahlung bei einem bestimmten Kapitalmarktereignis (beispielsweise steigende Zinsen) und formt dieses Versprechen in ein handelbares Wertpapier, so spricht man von **Verbriefung** oder **Zertifikaten**. Die Bank, die das verbriefte Produkt herausgibt, nennt man **Emittent** und den Herausgabeprozess die **Emission**. Sollte das Auszahlungsversprechen von der Solvenz des Emittenten abhängig sein, so spricht man vom **Kontrahentenrisiko**.

Zertifikate sind auch Derivate, denn ihr Wert ist von echten Basiswerten abgeleitet. Steigen Zertifikate überproportional zur Wertentwicklung ihrer Basiswerte, so sind es **Hebelzertifikate** oder **Hebelprodukte**. Die Hebelwirkung ergibt sich meistens daraus, dass wesentlich weniger Einsatz bezahlt werden muss, als wenn man den Basiswert direkt kauft.

Die Zertifikate können Sie direkt von einem Emittenten erwerben, wenn Sie ein Wertpapierdepot besitzen. Sie können sie aber auch über **Zertifikate-Börsen** (beispielsweise Euwax in Stuttgart oder Scoach in Frankfurt am Main) kaufen, doch hier ist Ihr Kontrahent häufig nicht anonym. Es ist meistens der Emittent, der Ihnen über die Zertifikate-Börse die Produkte verkauft und später auch über diesen Weg zurücknimmt.

Wichtige Grundlagen zu Aktien und Indizes

Bevor Sie mit irgendeinem Derivat an der Börse einsteigen, sollten Sie die Grundlagen der Basiswerte, beziehungsweise der Börse, kennen. Die Grundlagen der Börse sind Stoff für ein eigenes Buch.

Für die Derivate ist es wichtig, dass Sie eine Vorstellung haben, wie hoch das Investitionsrisiko bei einer Anlage direkt in den Basiswert ist. Wenn Sie in eine Aktie investieren, die von heute auf morgen 10 Prozent fallen kann, wird ein zehnfach gehebeltes Zertifikat über Nacht ein Totalverlust sein. Spätestens beim Risiko- und Money- Management werden Sie so eine Einschätzung machen können und müssen. Ich werde hier auf die Punkte bei den Basiswerten eingehen, die für Derivate am relevantesten sind.

Die Liquidität der Basiswerte

Eine Aktie von Großunternehmen wird jeden Tag an der Börse mit millionenfachem Volumen gehandelt. Die Differenz zwischen Ankauf- und Verkaufskurs, fachlich **Spread** genannt, ist gering. Dieser Basiswert hat somit eine hohe Liquidität. Man kann zu Börsenöffnungszeiten kaufen und verkaufen, ohne dass der Kurs der Aktie großartig davon beeinflusst wird.

Diese Eigenschaft geht unmittelbar auf die dazugehörigen Derivate über. Ist der Basiswert liquide, so werden auch die Ankaufs- und Verkaufspreise des Derivats eng beieinander liegen.

Für Shortzertifikate ist ein funktionierender **Leihemarkt** wichtig. Hinter Shortzertifikaten steckt faktisch ein **Leerverkauf**. Für Leerverkäufe werden sich Basiswerte geliehen, verkauft und bei gefallenen Kursen günstig wieder zurückgekauft. Dann werden die Basiswerte dem Verleiher wieder zurückgegeben.

Genügend Aktienbesitzer, die ihre Aktie an einen Leerverkäufer verleihen (und dafür eine Extragebühr kassieren), gibt es häufig nur bei liquiden, also viel gehandelten Werten. Aber wenn eine Aktiengesellschaft überraschend Konkurs anmeldet und über Nacht 95 Prozent fällt, wird kein Aktienbesitzer mehr seine fast wertlosen Aktien verleihen. Der Verleihwert orientiert sich am Aktienwert. Ist dieser bei zu einem fast wertlosen Papier am Boden, ist kein Leihe-Ertrag mehr zu verdienen. Shorten ist damit nicht mehr möglich.

Die Dividenden

Halten Sie eine Aktie, welche eine Dividende ausschüttet, so wird am Tag der Dividendenausschüttung der Kurs der Aktie mit einem Dividendenabschlag notieren. Also fällt der Aktienkurs bei einer Ausschüttung von 5 Prozent um genau diese Größe, falls es an dem Tag keine anderen kursrelevanten Nachrichten oder Ereignisse gab.

Eigentlich eine sichere Short-Position, oder? Das ist selbstverständlich nicht so, denn ein Derivat kennt die Dividendenerwartung und wird das genau in seinen Wert vor der Ausschüttung einpreisen. Nur wenn die Dividende nicht der Erwartung entspricht, sie zum Beispiel überraschend höher ist, lässt sich mit

Shortderivaten Geld verdienen. Fällt die Dividende jedoch geringer aus als erwartet, wird das Shortderivat an Geld verlieren, obwohl der Kurs des Basiswertes an der Kurstafel fällt.

Aktienindizes sind ein theoretischer Aktienkorb und müssen auch mit Dividenden klarkommen. Es wird hier zwischen Kurs- und Performance-Indizes entschieden. Der Performance-Index legt die Dividenden seiner Mitglieder gleich wieder in die jeweilige Aktie an. Der Kursindex hingegen verliert durch die Ausschüttungen seiner Mitglieder regelmäßig ein paar Punkte. Wenn ein Basiswert als Kurs- und Performance-Index berechnet wird, so wird der Performance-Index immer besser performen. Kapital lässt sich mit Derivaten daraus nicht schlagen, denn diese mathematisch gesicherte Entwicklung ist immer mit eingepreist.

Kassa- versus Futures-Markt

Aktienindizes haben keine Endlaufzeit. Sie haben Basiswerte in sich, die selbst unendlich laufen. Für diese Basiswerte muss der Gegenwert in Geld bei Erwerb hingelegt werden, gewissermaßen muss in die Kasse gegriffen werden. Man nennt diese Basiswerte und auch die Indizes **Kassamarkt**. Theoretisch könnte auch ein Derivat endlos auf diese Basiswerte laufen.

Wenn es um Rohstoffe geht, ist ein direktes Investieren in den Basiswert nur schwer möglich. Insbesondere bei den Rohstoffen, die keine Edelmetalle wie Gold oder Silber sind, ist eine direkte Investition ausgeschlossen. Dafür gibt es sogenannte **Futures**, die im nächsten Abschnitt näher erläutert werden. Mit Zertifikaten haben wir Derivate auf Futures, also Derivate auf Derivate. Hier kann es Fallstricke geben. Um diese zu verstehen, steigen wir zunächst in die institutionellen Derivate ein, die an der Börse gehandelt werden.

Börsengehandelte Derivate

Derivate, die an einer Börse gehandelt werden, sind grundsätzlich nur für institutionelle Anleger geeignet. Privatanleger dürfen sie auch handeln, es ist jedoch erst ab einer Depotgröße von 50.000 Euro sinnvoll. Gut informierte Anleger wissen, dass in Derivate investiertes Kapital einem erhöhten Verlustrisiko ausgesetzt ist. Derivate, die an der Börse gehandelt werden, unterliegen dem Schutz der Börsenaufsicht, die Käufer kennen die Verkäufer nicht und die zu hinterlegende Margin eliminiert Ausfallrisiken. Die berühmteste Derivatebörse in Europa ist die EUREX. Es gibt zwei Arten von Derivaten: **Optionen und Futures**. Mein Buch hat seinen Fokus auf Zertifikate gelegt. Zertifikate werden vom Emittenten in der Regel mit Optionen und Futures nachgebildet. Deshalb ist es für Käufer von Zertifikaten wichtig zu wissen, wie die institutionellen Derivate funktionieren.

Futures

Stellen Sie sich vor, Sie vereinbaren mit einer Tankstelle, 50 Liter Diesel in vier Wochen verbindlich zu kaufen. Den Preis dafür möchten Sie zwar erst in vier Wochen bezahlen, aber heute schon vereinbaren. Dann wird der Tankstellenpächter Ihnen den Preis von heute geben und dazu seine Lager- und Versicherungskosten, sowie den entgangenen Zins aufschlagen (er bekommt den Kaufpreis erst in vier Wochen). Der Preis ist also etwas höher, als wenn Sie gleich getankt hätten. Sie haben mit dem Pächter einen **Forward** abgeschlossen.

Stellen Sie sich jetzt eine Dieselbörse vor, bei der die Börse einheitliche Regeln für Forwards festlegt. Die Börse sagt, dass immer 100 Liter Diesel geliefert werden müssen und dass es feste Lieferzeitpunkte gibt. Gleichzeitig legt sie Sicherheiten fest, die für einen Geschäftsabschluss bei ihr hinterlegt werden müssen. Dann ist der Forward so standardisiert, dass er einen neuen Namen hat: Er ist ein **Future**. Eine Einheit nennt man **Kontrakt**.

Der Vorteil von Futures gegenüber dem Forward ist, dass durch die klaren Regeln viele Marktteilnehmer das Produkt handeln können, ohne mit jemandem etwas zu verhandeln. Mehr noch, die Preise von Futures können mit An- und Verkaufspreisen transparent an der Börse veröffentlicht werden.

Eine Börse bringt Käufer und Verkäufer anonymisiert zusammen. Wie kann man sich sicher sein, an der Börse für sein gewünschtes Geschäft eine Gegenseite zu finden? Dafür sind die Ankaufs- und Verkaufspreise da. Das sind konkrete Angebote für mindestens einen Kontrakt (meistens aber mehrere) für beide Seiten (Kauf, Verkauf).

Sind zu wenige Verkäufer am Markt, wird der Preis des Futures so lange steigen, bis sich wieder genügend verkaufswillige Händler finden. Sind zu wenige Käufer da, die zum aktuellen Marktkurs kaufen wollen, fällt der Preis des Futures.

Long und Short

Futures können unkompliziert verkauft werden, obwohl man sie überhaupt nicht besitzt. Es ist beispielsweise möglich, minus fünf Kontrakte zu haben. Sie sind damit fünf Kontrakte short. Kaufen Sie die fünf Kontrakte zurück, schließen Sie die Position und sind **flat**. Kaufen Sie danach zwei Kontrakte, so sind Sie zwei Kontrakte long. Da der Handel von Futures synthetisch stattfindet, also keine physischen Geschäfte wie die Lieferung von Aktien dahintersteht, sind komplizierte Leerverkäufe nicht nötig. Long- und Short-Geschäfte sind sekündlich durchführbar, ohne dass jemand sich etwas zum Shorten leihen muss.

Initial und Variation Margin

Die **Initial Margin** ist eine Sicherheitsleistung in Form von Cash oder anderen schnell liquidierbaren Vermögensgegenständen, welche bei der Börse, bei Eröffnung eines Futures, hinterlegt werden muss. Da diese nur einen Bruchteil des Kontraktwertes vom Future beträgt, kann hier eine enorme Hebelwirkung erreicht werden. Wenn Sie nur 10.000 Euro für ein 100.000-Euro-Finanzprodukt hinterlegen müssen, können Sie für 100.000 Euro gleich zehn Kontrakte kaufen. Dann investieren Sie jedoch 10-mal 100.000 Euro Gegenwert, also eine Million Euro. Gewinne und Verluste werden so angerechnet, als ob sie mit einer Million investiert gewesen wären. Hier lauern neben der Gewinnchance auch hohe Verlustrisiken.

Die **Variation Margin** ist die Gewinn- und Verlustabrechnung Ihrer Position und findet täglich am Ende des Handelstages statt. Kaufen Sie mittags für 100.000 Euro Gold mittels Futures und bis zum Börsenende steigt der Wert auf 110.000 Euro, so bekommen Sie von der Börse am Ende des Tages 10.000 Euro überwiesen. Das Geld wird effektiv am Folgetag Ihrem Konto gutgeschrieben. Wäre der Futures gefallen, so hätten Sie mit Ihrer Long-Position den Verlust bezahlen müssen.

Halten Sie die Futures mehrere Tage lang, werden die Schlusskurse täglich ausgewertet. Ist der Schlusskurs im Vergleich zum Vortag höher, bekommt die Long-Position Geld, ist sie niedriger, so wird der Verlust bezahlt werden müssen.

Das Laufzeitende

Futures laufen nicht unendlich, sie **verfallen** regelmäßig. Manche verfallen viermal im Jahr, andere auch monatlich.

Was passiert am Laufzeitende? Das hängt vom Basiswert ab. Basiswerte können beispielsweise Rohstoffe (Diesel, Schweinebäuche, Weizen) sein, Aktien, Währungen oder Indizes.

Wer Rohstoff-Futures bis zum Laufzeitende hält und nicht zumacht, der hat ein Problem. Es wird der entsprechende Rohstoff physisch geliefert. Ja, wenn Sie einen Weizenfuture nicht schließen, bekommen Sie 5.000 Bushel Weizen geliefert. Was den Weizenhändler nicht stört, vielleicht sogar gewollt ist, ist für 99 Prozent der Futures-Händler ein Albtraum. Auch institutionelle Marktteilnehmer, etwa Fonds, Pensionskassen oder Banken, haben keinen Schuppen für solch eine Situation.

Wer eine Short-Position hatte, muss den Rohstoff liefern, auch wenn er ihn gar nicht hat. Wenn jemand wirklich vergisst, den Futures zu schließen, wird er eine Rohstoffabwicklungsstelle beauftragen müssen, diesen Fehler wieder zu bereinigen – und das wird teuer.

Bei Futures auf Währungen, Anleihen, ETFs oder Aktien ist es entspannter. Eine effektive Abwicklung findet hier digital im Depot statt. Stress kommt nur dann auf, wenn beispielsweise eine Anleihe oder Aktie geliefert werden muss, die sich noch nicht im Depot befindet. Diese muss dann schnell noch gekauft werden, egal zu welchem Preis diese gerade notiert.

Indizes sind mathematische Konstrukte, sie können nicht geliefert werden. Am Laufzeitende gibt es deshalb einen **Bar-**

ausgleich. Bei Futures findet jeden Abend ein Gewinn- und Verlustausgleich nach dem Feststellen der Schlusskurse statt. An dem Tag, an dem der Futures verfällt (meistens mittags), wird ein letztes Mal zu dem Verfallkurs ein Gewinn- und Verlustausgleich gemacht.

Die Futures-Rolle

Wer über den Verfallzeitraum hinaus mittels Futures in ein Underlying investiert sein möchte, muss sich einen neuen Kontrakt kaufen, welcher noch nicht verfallen ist. Wenn das Schließen des alten und das Öffnen des neuen Kontraktes in derselben Sekunde stattfindet, bezeichnet man das als Futures-Rolle. Obwohl die Preise zwischen dem alten und neuen Kontrakt meist unterschiedlich sind, ist der Vorgang cashneutral. Es kostet maximal Broker- oder Börsengebühren.

Optionen

Wir werden uns später noch ausführlicher mit Optionsscheinen beschäftigen. Optionen und Optionsscheine sind in ihrer Preisbildung gleich, bezüglich ihrer taktischen Einsatzmöglichkeiten haben Optionen ganz andere Möglichkeiten. Hinzu kommt, dass Optionsscheine Zertifikate mit Emittenten-Risiko sind. Optionen werden wie Futures über Börsen abgewickelt und haben keinen Emittenten.

Elemente von Optionen

Optionen haben eine **Laufzeit**. Diese kann zwischen einem Tag und wenigen Jahren variieren. Der Tag, an dem sie verfallen, ist in der Regel ein Freitag, meistens der dritte Freitag im Monat.

Optionen haben einen Basiswert, auch Underlying genannt. Basiswerte können nahezu alle Finanzprodukte sein, bei denen sich zuverlässig und bindend Basiswertpreise ermitteln lassen. Hier bietet sich alles an, was an einer Börse gehandelt wird (Aktien, Indizes, Rohstoffe, sogar Futures) oder offizielle Preisfixierungen zu bestimmten Zeiten hat (beispielsweise Währungen oder Edelmetalle).

Händler haben bei Optionen ein Recht, einen Basiswert an einem bestimmten Tag (spätestens am Laufzeitende) zu einem bestimmten Preis zu kaufen oder zu verkaufen. Ein Kaufrecht nennt man **Call**. Ein Verkaufsrecht wird **Put** genannt.

Den bestimmten Preis, zu dem ein Geschäft abgeschlossen werden kann, nennt man **Strike** oder **Ausübungspreis**.

Wird das Recht zum Kauf oder Verkauf wahrgenommen, sprechen wir von einer **Ausübung**. Aus einer Ausübung kann die Lieferung (bei Puts) oder der Erhalt (bei Calls) des Basiswertes resultieren. Es ist aber auch ein Barausgleich (englisch: cash settlement) möglich, denn nicht alle Basiswerte lassen sich liefern, beispielsweise Indizes.

Es gibt auch ein **Bezugsverhältnis**, das besagt, wie viele Aktien mit einer Option erworben werden können. Im Falle von Indizes bestimmt es den Wert jedes Indexpunktes. Wie hoch das Bezugsverhältnis oder der Punktwert ist, legt die Börse bindend für alle Marktteilnehmer fest.

Eine Option (egal ob Call oder Put), deren Strike-Preis mit dem aktuellen Marktkurs des Basiswertes übereinstimmt, ist **am Geld**.

Ein Call, dessen Strike unter dem Marktkurs des Basiswertes liegt, ist im Geld. Liegt der Marktkurs des Basiswertes unter dem Strike, ist die Option **aus dem Geld**.

Beim Put ist die Option im Geld, wenn der Marktkurs des Basiswertes unter dem Strike-Preis liegt. Ein Marktkurs des Basiswertes über dem Strike lässt die Put-Option aus dem Geld liegen.

Der Preis der Option wird als **Optionsprämie** bezeichnet.

Beispiele:

Optionen haben keine Wertpapierkennnummern. Die Informationssysteme Reuters und Bloomberg haben eine Syntax, mittels der eine Option eindeutig zu identifizieren ist. Am intuitivsten ist dabei die Bloomberg-Systematik, die mit einem Kürzel für den Basiswert beginnt, dann die Laufzeit fordert, anschließend die Art des Rechts und zum Schluss den Strike.

Beispielticker DAX 06/24 C16500

Wir haben eine Option auf den DAX, das ist naheliegend. Verfall ist der Juni im Jahr 2024. Da die Optionen standardmäßig am dritten Freitag verfallen, muss das exakte Datum hier nicht definiert werden. In der Kürze liegt die Würze.

Das C weist darauf hin, dass wir eine Kaufoption, also einen Call, haben. Die 16500 ist unser Strike und somit der Indexstand in Punkten.

Beispielticker ALV 12/25 P200

Wir haben eine Option auf die Allianz, denn ALV ist das Börsenkürzel an der Heimatbörse.

Dezember 2025 ist der Verfall und wird unter Händlern „Dec" (für December) oder „Weihnachten" genannt.

Das P weist darauf hin, dass wir eine Verkaufsoption, also einen Put haben. Der Ausübungspreis liegt bei 200 Euro. Euro, weil die Heimatbörse von ALV eine Eurobörse ist und somit der Eurokurs der Allianzaktie relevant ist.

Ausübung

Nehmen wir an, der DAX steht bei Laufzeitende unserer Beispieloption bei 16600 Punkten.

Dann ist es sinnvoll, die Option auszuüben, sie ist im Geld. Der Index wird theoretisch zu 16500 Punkten (der Strike) gekauft und kann sofort zu 16600 Punkten verkauft werden. Das ist nur Theorie, denn in der Praxis kann kein Index gekauft werden, schon gar nicht für Punkte. Die Börse hat für den DAX festgelegt, dass jeder Indexpunkt 5 Euro wert ist.

Habe ich eine Call-Option, welche nun 100 Punkte im Gewinn ist (16600-16500), bekomme ich dafür bei Ausübung 500 Euro Barausgleich (5 Euro mal 100 Punkte).

Hätte ich eine Put-Option gehabt, wäre diese aus dem Geld gewesen und damit wertlos verfallen.

Nehmen wir an, die Allianz steht am Laufzeitende unserer Beispieloption bei 190 Euro. Wir haben hier mit dem Put ein Verkaufsrecht.

Wir könnten jetzt die Allianzaktie am Markt für 190 Euro kaufen und sofort über die Ausübung der Option für 200 Euro verkaufen. Das ergibt Sinn, also beschäftigen wir uns mit dem Bezugsverhältnis. Das ist bei Aktien und der Standardbörse für die Allianz bei 100. Eine Option deckt somit 100 Aktien ab.

Üben Sie die Option aus, können Sie 100 Allianzaktien mit einem Sofortgewinn von 10 Euro pro Aktie verkaufen. Es sind somit 1000 Euro Gewinn.

Hätte die Option an der Börse bei Kauf bei einem Euro notiert, so hätte das Bezugsverhältnis von 100 Aktien mitberücksichtigt werden müssen. Ich hätte somit 100 Euro (1 mal 100) für meine Option bezahlt und mich am Ende über 1000 Euro Einnahmen und 900 Euro Gewinn gefreut.

Einen vergleichbaren Call für 200 Euro zu ziehen, hätte keinen Sinn ergeben, wenn die Aktie am Markt 189 Euro kostet. Diese Option wäre wertlos.

Doch die Frage, ob ich einen Put oder Call handle und wo der Strike-Preis liegt, ist bei Optionen nicht allein relevant für das Ergebnis. Die Frage ist, ob ich die Option gekauft habe, also long bin, oder verkauft habe, und damit eine Short-Position habe.

Die Gegenseite – die Stillhalter

Kaufen Sie eine Option an der Börse und es gibt keinen Emittenten, so wird Ihnen trotzdem jemand dieses Produkt verkaufen, sofern ihr angebotener Kaufpreis für Verkäufer attraktiv ist. Es gibt kein Geschäft ohne Gegenseite.

Sie können auch an der Börse eine Option verkaufen, die Sie gar nicht haben, denn so entstehen Märkte. Sie verkaufen die Option und hoffen, dass diese wertlos wird oder zumindest weniger Wert am Ende hat, als Sie beim Verkauf an Erlös bekommen haben. Sie halten still und sind damit **Stillhalter**.

Als Stillhalter wetten Sie, dass ein Marktereignis nicht eintritt.

Tritt es jedoch ein, kann es theoretisch unendlich teuer werden. Stellen Sie sich vor, Sie verkaufen einen Call auf eine Aktie mit Strike-Preis 50 Euro, der Aktienkurs des entsprechenden Unternehmens liegt bei 30 Euro, der Optionsverfall ist in 6 Monaten. Was nach einer sicheren Wette klingt, kann schiefgehen. Aktien haben Potential, sich innerhalb kürzester Zeit zu vervielfachen. Steigt eine Aktie ins Unendliche, muss der Verkäufer der Call-Option auch unendliche Verluste einstecken.

Wer sollte so verrückt sein? Es können sogar konservative und risikoaverse Fondsmanager sein! Wer 100 Aktien eines Unternehmens besitzt und eine Call-Option verkauft, dem kann gar nicht so viel Schlimmes passieren, denn er ist gesichert. Ein unendlicher Aktiengewinn schützt vor dem unendlichen Optionsverlust. Es ist nur ärgerlich, dass die steigende Aktie im Depot unterm Strich keinen Ertrag abwirft. Bei seitwärts laufenden Aktien hätte der Anleger die eingenommene Optionsprämie zur Performanceverbesserung nutzen können.

⌁ | Volatilität für Einsteiger

Der wichtigste Einflussfaktor für die Preisbildung von Aktien und Renten ist der Zins. Sind die Zinsen hoch, so ist der Kauf von Anleihen attraktiver als der Erwerb von Aktien. Die Aktien geben Dividenden ab, jedoch nicht immer und nicht verpflichtend. Zusätzlich haben sie ein Kursrisiko.

Die Perspektive für positive Aktienentwicklungen ist bei hohen Zinsen auch schlechter. Unternehmen haben höhere Fremdkapitalkosten und können für Investitionen in das Wachstum weniger Kredite aufnehmen. Deshalb schaut der Finanzmarkt gespannt auf jede Zentralbanksitzung und bei unerwarteten Zinsentscheidungen schwanken die Börsen.

Das Schwanken der Börse führt uns zur Volatilität. Für das Risikomanagement und auch für die Preisbildung aller Derivate, die das Wort „Option" in sich tragen, ist Volatilität der wichtigste Einflussfaktor. Der Zins rückt bei Derivaten in den Hintergrund, denn er beeinflusst nur den Basiswert.

Volatilität historisch und implizit

Volatilität ist per Definition die Schwankungsbreite eines Finanzmarktproduktes innerhalb eines bestimmten Zeitraums. Ich möchte hier nicht mit Formeln anfangen, deshalb versuche ich es mit einfachen Sätzen.

Schwankt ein Index an einem Tag um 50 Punkte und am nächsten Tag um 150 Punkte, so ist die Volatilität angestiegen. Wichtig: Der Index kann am Ende jedes Tages zum gleichen Kurs schließen, wie er eröffnet hat und trotzdem volatil sein. Die Heftigkeit der Bewegungen innerhalb eines Zeitraumes sowie der Abstand zwischen Hoch- und Tiefpunkten sagen etwas über die Volatilität aus.

Wir unterscheiden zwischen **historischer und impliziter Volatilität**.

Historische Volatilität

Die historische Volatilität ist ein Rückblick. Wie sehr schwankte beispielsweise eine Aktie in der Vergangenheit, wie sehr ein Währungspaar? Die Beobachtung lässt sich mathematisch ausdrücken und genaustens analysieren.

Implizite Volatilität

Die implizite Volatilität ist eine Marktmeinung, wie die Volatilität eines Basiswertes innerhalb eines zukünftigen Zeitraumes sein könnte. Es ist aber nur eine Meinung. Der Markt selbst hat auch keine Glaskugel. Der Markt schaut in die Vergangenheit und geht davon aus, dass es so weitergeht, beachtet aber dabei aktuelle Entwicklungen. Mit „aktuell" können die letzten Minuten oder gar Sekunden gemeint sein.

Das mag immer noch abstrakt klingen, deshalb stellen wir uns eine Feuerversicherung in einer bestimmten Region vor. Brennt es in der Region wenig, wird die Prämie günstig sein. Erhöht sich die Anzahl der Brände in den letzten Wochen und steht eine ungewöhnliche Trockenheit bevor, wird der Versicherer die Prämie erhöhen. Er erwartet mehr Brände, impliziert also eine höhere Volatilität.

Ausdruck der Wahrscheinlichkeit

Wir sind hier schon an dem Punkt, den ich Ihnen mit diesem Kapitel näherbringen möchte: Je höher die Volatilität, desto höher die Wahrscheinlichkeit, dass Hoch-oder Tiefpunkte erreicht werden. Wenn sich die Wahrscheinlichkeit erhöht, hat das Einfluss auf Preise. Im Gegensatz zu Versicherungsprämien wirkt eine Änderung von Wahrscheinlichkeiten an der Börse innerhalb von Sekunden.

An der Börse lassen sich Volatilitäten an Preisen von Optionen ablesen. Nicht direkt, aber sie lassen sich indirekt errechnen, weil alle anderen preisbeeinflussenden Faktoren (Zins, Laufzeit, Kurs des Basiswertes) auch anderweitig zu ermitteln oder bekannt sind.

Bedeutung und Eigenschaften der Volatilität

Die Volatilität ist ein wesentlicher Faktor für die Preisbildung von Optionen. Damit ist sie auch für Zertifikate, die in ihrem Innern (also die Art und Weise, wie sich der Emittent sichert) teilweise auch Optionen haben, wichtig. Was im Innern eines Zertifikates stattfindet, bestimmt den Preis eines Zertifikats.

Für das Risikomanagement ist die Volatilität auch wichtig. Wenn Sie eine Aktie kaufen und diese mit einem Stoppkurs absichern wollen, werden Sie vorher darüber nachdenken, wie viel Kursschwankung normal ist (die sollen eventuelle Sicherungen nicht auslösen) und an welchem Punkt Ihre Kurswette nicht aufgegangen ist. Sie implizieren somit Volatilität. Vermutlich schauen

Sie sich den Chart der letzten 12 Monate an (historische Volatilität) und sondieren Ereignisse in naher Zukunft (beispielsweise Veröffentlichung von Unternehmenszahlen). Ohne Mathematikstudium sind Sie in der Lage, implizite Volatilität für sich zu beurteilen. Da die Börse unberechenbar ist, können Sie am Ende sogar richtiger liegen als ein professioneller Optionshändler.

Die Tücke der Volatilität

Volatilität kann mit einer Flutwelle verglichen werden.

Sie haben ein Meer (die Basiswerte), es gibt Wellen (normale Volatilität) und Deiche zum Sichern der Küste (beispielsweise Kurse, bei denen Ihre Position automatisch geschlossen wird).

Irgendwann kommt eine Flut, welche die Deiche an ihr Limit bringen kann.

Wenn eine Jahrhundertflut (Börsenkrach) kommt, reichen die Deiche nicht. Dann ist das so, als ob Volatilität sich innerhalb eines Tages verzehnfacht.

Der Vergleich mit der Flut ist treffend, aber die Volatilität ist teilweise noch schlimmer. Es gibt kein Warnsystem.

Was wir aus der Vergangenheit gelernt haben

Auch wenn die Historie nie ein verlässlicher Indikator für die Zukunft ist, möchte ich ein paar Regelmäßigkeiten aufführen, die in Zusammenhang mit Volatilität zu beobachten waren.

- Die Volatilität steigt in der Regel mit fallenden Kursen. Runter geht es schneller als nach oben.

- Wenn Sie eine Aktie haben, die durch die Decke geht, kann die implizite Volatilität auch mit steigenden Kursen steigen. Die Erklärung ist einfach: Wenn etwas sehr schnell und ohne plausible Begründung steigt, ist die Wahrscheinlichkeit hoch, dass es schnell wieder fällt. Eine plausible Begründung könnte ein Übernahmeangebot sein. Liegt so etwas vor, wird der Kurs danach in der Regel nicht fallen, die implizite Volatilität bleibt niedrig.

- Ein Anstieg der Volatilität kann sehr plötzlich kommen, sie geht in der Regel jedoch nicht in der gleichen Geschwindigkeit wieder. Die höchsten prozentualen Kursgewinne am Aktienmarkt gab es immer nach Kursstürzen. Ist ein Markt in Unruhe, braucht er meistens etwas Zeit, um sich wieder zu beruhigen.

- Volatilität ist nur dann ernst zu nehmen, wenn sie durch einen hohen Umsatz durch den Markt begleitet wird. Haben Sie eine kleine Aktie, die nur selten gehandelt wird und auf einmal kauft eine Person in Millionenhöhe, dann kann der Kurs explodieren. Das hat nichts mit Volatilität zu tun. Die kommt erst dann ins Spiel, wenn viele Personen (also der Markt) die Aktie bewegen.

Volatilität einzelner Assetklassen

Es gibt Basiswerte, bei denen eine Tagesveränderung von zwei Prozent ein Ausdruck von hoher Volatilität sein kann, bei anderen sind fünf Prozent Auf- oder Abschlag auf Tagesbasis normal.

Anleihen

Am Laufzeitende von Anleihen werden die Wertpapiere in der Regel zum Preis von 100 Prozent getilgt, sofern der Anleihen-Geber nicht insolvent ist. Diese Tatsache macht es unwahrscheinlich, dass Kurse von Anleihen weit über 100 notieren. Umgekehrt, solange keine Insolvenz droht, werden Anleihen auch nicht weit unter 100 taxiert. Die Schwankungen um die 100 sind überschaubar und häufig von Zinsentwicklungen getrieben.

Volatilität kommt hier meist dann auf, wenn auf der Kippe steht, ob ein Anleihe-Geber die Schlusstilgung bezahlen kann. Dann können die Kurse zwischen 20 und 90 wild hin- und herpendeln.

Ansonsten sind Anleihen eher ruhig in ihrem Kursverlauf.

Währungen

Der Zins in der jeweiligen Landeswährung spielt bei einem Währungspaar eine entscheidende Rolle.

Nehmen wir das wichtigste Währungspaar der Welt: EUR/USD. Ist der Zins im Euroraum höher als in den USA, lohnt es sich für Investoren, Dollar zum niedrigen Zins zu leihen, anschließend in Euro zu tauschen und im Euroraum für hohe Zinsen anzulegen. Da so etwas nicht zu risikolosen Gewinnen geschehen kann, wird sich der Wechselkurs anpassen.

Eine Veränderung des Wechselkurses um 10 oder 20 Prozent wird entweder für Exporteure oder Importeure große Folgen haben. Sie müssen permanent Währungen tauschen und damit ist der Wechselkurs relevant für ihren Ertrag. Zentralbanken versuchen, große Wechselkursbewegungen mit Zinsschritten zu vermeiden.

Zinsentscheidungen von Zentralbanken sind nicht die einzigen Einflussfaktoren, auch wirtschaftliche Entwicklungen, Inflationserwartungen oder der Anlagewunsch in sichere Währungen zu Krisenzeiten können Kurse bewegen.

Währungen gehören zu weniger volatilen Basiswerten. Davon abzugrenzen sind Kryptowährungen. Hier reguliert keine Zentralbank, hier sind extreme Volatilitäten möglich.

Aktien

Die normale Volatilität von Aktien hängt stark von der Größe der Aktiengesellschaft ab.

Gehen wir davon aus, dass zukünftige Gewinnerwartungen der maßgebliche Faktor für Aktienkursentwicklungen sind. Kleine Unternehmen können ihre Gewinne überraschend vervielfachen oder umgekehrt auch von der Marktfläche verschwinden. So stark die Gewinn- oder Verlusterwartungen variieren können, so stark ist auch die Volatilität. Große Unternehmen überraschen schon, wenn sie von der Gewinnprognose 10 Prozent abweichen. Sie sind zudem häufig krisensicherer. Das zeigt sich auch in einer geringeren Volatilität.

Fazit: Aktien gehören zu den größer schwankenden Basiswerten. Verdopplungen von Aktienkursen innerhalb eines Jahres sind hier möglich, erst recht, wenn es kleinere Unternehmen sind.

Indizes

Indizes sind Körbe, in denen volatile Basiswerte (beispielsweise kleine Aktiengesellschaften) oder weniger schwankungsanfällige Objekte (beispielsweise Renten) diversifiziert sind. Deshalb kann die Art der Indexmitglieder für Volatilität entscheidend sein. Es sind aber auch andere Kriterien zu berücksichtigen, wie Marktbreite (Anzahl der Mitglieder), Branche (Technologie oder Versorger) oder Heimatwährung der Mitglieder.

Allgemein lässt sich nur sagen: Der Index schwankt weniger als seine Indexmitglieder.

Rohstoffe

Zum Abschluss schauen wir uns noch die Rohstoffe an. Hier müssen wir zwischen den Agrar-Rohstoffen, Energie, Industrie- und Edelmetallen unterscheiden.

Energie und Metalle können sich zwar auch innerhalb eines Jahres bei hoher Nachfrage verdoppeln, doch Energiepreise werden häufig kontrolliert (Fördermengen), die Nachfrage nach Industriemetallen unterliegt in der Regel weniger Überraschungseffekten und Edelmetalle sind teilweise ein Wertaufbewahrungsmittel. Gerade Edelmetalle schwanken am Tag selten mehr als ein bis zwei Prozent.

Agrar-Rohstoffe (beispielsweise Weizen) unterliegen häufig starken Schwankungen. Hier sind nicht nur Verdopplung, sondern auch Verzehnfachung innerhalb eines Jahres denkbar. Das Wetter, Zyklen, Krisen: Hier gibt es viel Potential für Tagesschwankungen in Höhe von 10 Prozent oder mehr.

Agrar-Rohstoffe gehören somit zu den Basiswerten mit stärkerer Volatilität, während Edelmetalle eher schwankungsarm sind.

Schlussfolgerung

Wofür sollten wir das Volatilitätspotential einzelner Assetklassen kennen?

Es gibt viele Gründe, warum das Wissen für den Erfolg an der Börse wichtig sein könnte:

- Risikomanagement: Was können für Verluste innerhalb kürzester Zeit entstehen?

- Wo platziere ich meine Stoppkurse zur Absicherung? Wann könnten Kursrücksetzer ein Zeichen sein, dass ein Aufwärtstrend vorbei ist?

- Wahl des Hebels: Benötige ich ein gehebeltes Produkt zum Trading? Wenn ja, wie hoch sollte der Hebel sein?

- Wahrscheinlichkeit, ein Kursziel innerhalb einer Zeitspanne zu erreichen: Wird die Option den Strike-Preis bis zum Laufzeitende überschreiten?

Mit der Erörterung der Volatilität haben wir nun den letzten Baustein, um mit den ersten Hebelprodukten für Privatanleger zu starten.

Aussagekraft der impliziten Volatilität

Sollten Sie das Buch gekauft haben, weil Sie nur CFDs oder Knock-Out-Zertifikate handeln wollen, kann die Aussagekraft der Volatilität übersprungen werden.

Wenn Sie Optionsscheine oder Discount-Optionsscheine handeln wollen oder einfach nur etwas lernen wollen, was Sie vermutlich nicht schon in anderen Büchern gelesen haben, sollten Sie weiterlesen.

Wenn Sie irgendwo lesen, dass die implizite Volatilität von einem Index gerade 50 Prozent ist, was heißt das denn?

Aussagekraft auf das Jahr

Wenn Sie eine Zahl zur impliziten Volatilität eines Basiswerts irgendwo lesen, ist das in der Regel eine Schwankungsprognose auf das Jahr mit einer Wahrscheinlichkeit von ungefähr 68 Prozent.

Warum 68 Prozent? Das ist die sogenannte Standardabweichung und beschreibt den Kurvenverlauf einer Glocke. Vielleicht können Sie sich an den Mathematikunterricht noch erinnern, da bewegten sich die Punkte meistens um einen Mittelwert und es gab nur ganz wenige Ausreißer in die eine wie in die andere Richtung.

Warum nicht die 95 Prozent? Dazu müsste man nur die zweite Standardabweichung nehmen und hat genauere Ergebnisse.

Aber bringt das einen Markt weiter? Wir werden später lernen, dass die implizite Volatilität eine subjektive Einschätzung von Optionshändlern ist und keine Sache, die ein Computer berechnet.

Wenn Sie einschätzen sollen, in welchem Bereich die maximale Temperatur diesen Sommer in Deutschland liegen wird, können Sie zwischen 36-40 Grad prognostizieren und haben eine Trefferquote von 68 Prozent. Sollte Sie jemand zwingen, sich zu 95 Prozent sicher zu sein, müssten Sie 31-45 Grad äußern und genau so läuft es an der Börse.

Dass Unmögliches immer passieren kann, ist auch an der Börse jedem klar. Wichtig ist eine halbwegs wahrscheinliche Einschätzung, die der Durchschnitt der Marktteilnehmer treffen kann und dafür ist die einfache Standardabweichung gut.

Zurück zum Beispiel mit der impliziten Volatilität von 50 Prozent. Die sagt nicht aus, ob der Basiswert 50 Prozent steigen oder fallen kann, denn wir haben eine Schwankungsprognose. Wir müssen diese Zahl halbieren und interpretieren diese so, dass der Basiswert innerhalb eines Jahres mit 68-prozentiger Wahrscheinlichkeit 25 Prozent steigen oder fallen wird.

Aussagekraft auf den Tag

Wie sehr schwankt ein Basiswert am Tag, wenn er auf das Jahr gesehen 50 Prozent schwankt? Wir nehmen 50 und teilen diese durch 16. Dann haben wir die Schwankung auf den Tag gesehen, in unserem Fall ungefähr 3,1 Prozent. Wir werden immer durch 16 teilen. Die 16 ist gerundet die Wurzel aus der Anzahl der Börsenhandelstage im Jahr.

VIX, VSTOXX und VDAX

Einen Chart, welcher Ihnen die historische implizite Volatilität zu einem beliebigen Basiswert zeigt, werden Sie kaum finden, weil er für Profis irrelevant ist. Profis, die jeden Tag an den Finanzmärkten agieren, wissen, ob die Volatilität in einer Assetklasse gerade hoch ist oder nicht.

Es gibt jedoch für Aktien Volatilitätsindizes, anhand derer man ablesen kann, ob viel Bewegungserwartung im Markt ist oder nicht. Vertreter dafür sind der VIX (basierend auf S&P 500), der VDAX beziehungsweise VDAX-NEW (basierend auf dem DAX) oder VSTOXX (basierend auf Euro Stoxx 50). Dabei wird die Volatilitätserwartung von Optionen in Indexpunkte umgerechnet. Da die Optionen sehr liquide sein müssen, um sie zuverlässig als Quelle nehmen zu können, werden die Kontrakte mit kürzerer Laufzeit (1-2 Monate, je nach Index) betrachtet, das lässt sich jedoch auf Jahressicht hochrechnen.

Wir brauchen die Berechnung dafür nicht zu behandeln, schauen Sie auf den Index und staunen Sie, wie sprunghaft dort die Kurven verlaufen. Die Indizes werden auch **Angstbarometer** genannt. Steigen die Punktzahlen der Indizes stark an, geht der Markt von einer hohen Volatilität in der jeweiligen Assetklasse aus. Sinken sie, haben sich wieder alle beruhigt.

Jetzt haben wir das Wichtigste zur Volatilität abgehandelt. Wie wir das in der Praxis anwenden, werden wir im Kapitel über Volatilitätsderivate später lernen.

Derivate ohne Volatilität – die Delta-1-Produkte

Delta-1 – Was ist das?

Der Begriff Delta-1 mag ein wenig nach Raumfahrzeugen und Weltall klingen, ist jedoch alles andere als Raketenwissenschaft. Delta-1 steht für Finanzprodukte, die sogar so einfach zu verstehen sind, dass dafür geringe mathematische Kenntnisse reichen.

Klar, in der Definition klingen auch diese Produkte etwas abstrakt.

- Ein Derivat mit Delta-1-Eigenschaft bewegt sich um eine Einheit, wenn der Basiswert sich um eine Einheit bewegt.

- Ein Delta-1-Derivat entwickelt sich linear zum Basiswert.

Ich werde es nun mit Praxis und mit etwas mehr Leben beschreiben.

Ein Derivat, das zum Bezug (oder Erwerb) einer Aktie berechtigt, wird dann im Wert um einen Euro steigen, wenn auch die Aktie um einen Euro steigt. Verliert die Aktie zwei Euro, wird das Derivat zwei Euro an Wert verlieren.

Nehmen wir an, unser Derivat berechtigt zum Bezug von 0,1 Aktien (also 10 Derivate werden für eine Aktie benötigt).

Dann haben wir ein Derivat, das um 10 Cent im Wert steigt, wenn der dazugehörige Basiswert (die Aktie) um einen Euro steigt. Steigt die Aktie um zwei Euro, dann steigt das Derivat um 20 Cent. Bei zehn Euro Aktienanstieg ist es ein Euro im Derivat. Fällt die Aktie um 50 Cent, so fällt das Derivat um 5 Cent. Es ist also einfache Mathematik.

Kleiner Exkurs vorab: Bei dem Gegenteil vom Delta-1- Produkt, den Derivaten mit Volatilitätseinfluss, kann es auch sein, dass der erste Euro in der Aktie zu einem Anstieg von 10 Cent im Derivat führt. Steigt die Aktie dann noch einen weiteren Euro, so steigt das Derivat jedoch nicht mehr 10 Cent, sondern mehr oder weniger.

Zurück zu Delta-1: Jetzt fragen Sie sich vielleicht, warum braucht man überhaupt ein Derivat, wenn es ohnehin das gleiche wie eine Aktie macht.

Vier Punkte kann ich dazu anmerken:

1. Die Aktie war ein einfaches Beispiel. Derivate gibt es auch auf Indizes, **die Sie nicht so einfach kaufen können**, denn diese notieren in Punkten. Ein Indexpunkt könnte exemplarisch zu einer Derivatebewegung von 1 Cent, 10 Cent oder 100 Cent führen, je nach Bezugsverhältnis. Ein ETF, mit dem man in Indizes investieren kann, ist das berühmteste Delta-1-Produkt.

   Rohstoffe können Sie auch nicht direkt in Ihr Depot legen. Mit Derivaten ist es möglich.

2. Ihr Wunschinvestitionsobjekt notiert **ausschließlich in einer anderen Währung** als Euro, vielleicht in Hong-

kong-Dollar oder chinesischen Yuan. Dann haben Sie nur die Möglichkeit, mit einem Derivat darin zu investieren. Doch Vorsicht, der Wechselkurs kann die Wertentwicklung des Derivats beeinflussen. Ein steigender Basiswert kann theoretisch trotzdem zu Verlusten im Derivat führen.

3. Auch wenn ein Basiswert um einen Euro steigt und das beim Derivat genauso ist, heißt das nicht, dass beides prozentual gleich steigt. Kostet die Aktie 100 Euro und das Derivat 50 Euro, so ist die Veränderung von einem Euro bei der Aktie ein Prozent und beim Derivat macht es das Doppelte prozentual aus. Das nennt man **Hebelwirkung** und war vermutlich Ihre Motivation zum Kauf dieses Buches.

4. Mit Derivaten können Sie auch **auf fallende Kurse setzen**. Ein Derivat, das um 10 Cent sinkt, wenn die Aktie um einen Euro steigt, wäre ein Beispiel. Ohne Derivate müssten Sie die Aktie von jemandem leihen, verkaufen und später günstiger zurückkaufen, um vom Kursverfall zu profitieren. Der Leerverkauf ist für Privatanleger in der Praxis schwer möglich.

Delta-1-Produkte sind von der Volatilität nahezu unabhängig, was die wichtigste Eigenschaft für Institutionelle genau wie für Privatanleger ist.

Ein Punkt, der vor allem Privatanleger trifft und weniger Institutionelle, ist der kreditfinanzierte Hebel.

Der kreditfinanzierte Hebel

Geringe Schwankungen eines Finanzmarktproduktes in große Gewinne umwandeln – so könnte die Devise von spekulativ orientierten Investoren lauten, die auf Hebelprodukte zurückgreifen. Wenig Geld einsetzen, aber viel Geld bewegen. Das könnte die Motivation von Anlegern sein, die in vielen Märkten gleichzeitig und groß investiert sein wollen, aber keine großen finanziellen Mittel haben, um breit und ökonomisch sinnvoll ihre Investitionen zu streuen.

Institutionelle Investoren, welche für den Futures-Handel nur eine Sicherheit hinterlegen müssen, können günstig Hebelwirkungen mit ihren Investitionen erreichen. Wer anstatt 100.000 Euro direkt zu investieren, nur 10.000 Euro Sicherheit hinterlegen muss, könnte mit 100.000 Euro Einsatz somit 1.000.000 Euro bewegen. Ein zehnfacher Hebel.

Eine weitere Möglichkeit, Hebelwirkungen zu erreichen, ist die Aufnahme von Krediten. Futures gibt es zwar auf viele Basiswerte, wie Rohstoffe, Indizes oder Zinsen, doch auf Einzelaktien sind sie nicht so praktisch anwendbar. Es gibt eine überschaubare Anzahl an Indizes oder Rohstoffen, für die sich Futures gut standardisieren lassen. Die Anzahl der Aktien ist aber gefühlt unendlich und insbesondere kleinere Werte ergeben keinen Markt für Futures. Somit müssen selbst institutionelle Anleger, welche Aktien hebeln wollen, auf Kredite zurückgreifen. Häufig sind es Hedgefonds, die generell spekulativer agieren als andere Marktteilnehmer.

Die Funktionsweise ist einfach. Ich habe 100.000 Euro zur Verfügung und leihe mir die gleiche Summe von einer Bank. Dann investiere ich 200.000 Euro in eine Aktie. Steigt diese um 10 Prozent, so habe ich mit 100.000 Euro Eigenkapital mithilfe des Kredites nicht 10.000 Euro verdient, sondern 20.000 Euro. Wir haben einen zweifachen Hebel, bei einem Anstieg der Aktie von einem Prozent verdienen wir zwei Prozent.

Kredite kosten Geld. Leihe ich mir das Geld für jährlich 5 Prozent und mein Basiswert steigt in einem Jahr um 10 Prozent, so wird mein gehebelter Gewinn von 20 Prozent um ein Viertel durch die Kreditzinsen geschmälert. Sollten meine Investitionen danebengehen und der Basiswert fällt 10 Prozent, wird es besonders bitter. Der Hebel wirkt auch in die andere Richtung. Ich verliere 20 Prozent und darf die Kreditzinsen zusätzlich aufbringen.

Die Hebelwirkung an sich hat in erster Linie auf meinen Erfolg oder Verlust einen größeren Einfluss als der Kreditzins. Halte ich die Hebelwirkung jedoch über Wochen, Monate oder gar Jahre mithilfe von Krediten aufrecht, dann kann der Kreditzinsfaktor entscheidend für den Gesamterfolg werden.

Private Investoren brauchen für Hebeleffekte einen Emittenten und dieser setzt es in der Theorie meistens mit Krediten um. Warum in der Theorie? Er wird die Hebelkosten so berechnen, als ob er es mit Krediten macht. Wenn er es in der Praxis anders machen sollte, ist es seine Sache.

Die gängigsten Finanzmarktprodukte, mit denen gehebelt investiert werden kann, mit weitestgehendem Ausschluss von Volatilitätseinfluss, sind KO-Zertifikate (mit unterschiedlichsten Ausprägungen) und CFDs (Contract for Difference, deutsch: Differenzkontrakte). Beide Produkte bedienen sich der Technik des kreditfinanzierten Hebels. Beide tragen ein Emittenten-Risiko in sich. Die CFDs sind weitestgehend überraschungsfrei in der Kursentwicklung, sofern sie verstanden werden, deshalb fange ich mit diesem Produkt bei meinen Erklärungen an.

CFDs

Bücher über CFDs sind selten. Wissen Sie warum? Weil man sie fast auf einem Bierdeckel erklären kann. Wer schreibt gerne ein Buch, das nach 20 Seiten inhaltlich im Grunde genommen fertig ist? Da Literatur, um als Buch wahrgenommen zu werden, wenigstens 100 Seiten haben muss, bleibt einem Autor nichts anderes übrig, als sich permanent zu wiederholen und viele unwichtige Sachen mit einzubringen. Das ist für einen Autor genauso anstrengend wie für den Leser.

CFDs versprechen einen enormen Gewinn in kürzester Zeit, doch der Totalverlust kann noch viel schneller eintreten. Keine Chance ohne gleichwertiges Risiko, das gilt auch hier. Wer ein Konto bei einem CFD-Anbieter eröffnet, wird mittlerweile (gesetzlich verpflichtend) nicht nur darauf hingewiesen, dass sein Kapital in Gefahr ist, ihm wird gleichzeitig mitgeteilt, wie viel Prozent der Nutzer der jeweiligen Plattform Geld verloren haben. Es wird in der Regel eine Zahl zwischen 70 und 80 Prozent angegeben.

Als ich das erste Mal Geld auf eine CFD-Plattform eingezahlt habe, waren das nur 500 Euro. Warum sollte ich 2.000 Euro einzahlen, wenn das Geld mit sehr hoher Wahrscheinlichkeit am Ende weg ist? Selbst wenn ich zu den 20 Prozent Nutzern gehören würde, die Gewinn machen, wie hoch könnte denn dieser sein? Würde ich aus den 500 Euro mit 20 Prozent Wahrscheinlichkeit 2.600 Euro machen, wäre mein mathematischer Erwartungswert positiv. Für Nichtmathematiker: Zahle ich fünfmal hintereinander 500 Euro ein, werde ich statistisch gesehen beim fünften Mal dann doch 2.600 Euro verdienen und meine bis dahin eingezahlten 2.500 Euro (5 x 500) um 100 Euro übertreffen.

Warum schreibe ich über so viel Hypothetisches? Weil mich die Gründe interessieren, weshalb 80 Prozent der CFD-Nutzer auf der Verliererseite landen und noch mehr die Vorgehensweise, um zu den 20 Prozent Gewinnern zu gehören.

Doch zuerst kommen wir zur Kontoeröffnung und zur Funktionsweise.

Kontoeröffnung

Sie haben bereits ein Wertpapierdepot, in dem sich vielleicht Fonds oder Aktien befinden?

Das ist hervorragend, denn dann haben Sie schon einmal ein Gefühl, wie sehr Dinge an den Finanzmärkten schwanken können und dass die Börse keine Einbahnstraße ist.

CFDs können Sie nicht in Ihr Wertpapierdepot kaufen, denn diese werden an keiner Börse gehandelt und haben auch keine Wertpapierkennnummer. Selbst wenn Ihr Wertpapierdepotanbieter gleichzeitig auch CFDs anbietet.

Sie müssen zwingend bei einem CFD-Anbieter ein CFD-Konto eröffnen, wenn Sie diese Produkte handeln möchten. Ihre CFDs werden Sie später genau genommen nicht kaufen oder verkaufen. Sie werden Verträge mit Ihrem CFD-Anbieter abschließen, einen Vertrag darüber, dass die Differenz von Kursen eines Finanzinstrumentes später für Sie positive oder negative Folgen haben wird, je nachdem, in welche Richtung es sich entwickelt. Deshalb nennt man CFDs „Contract for Difference", auf Deutsch: Differenzverträge.

Wenn Sie einen Vertrag mit jemandem schließen, sind Sie auf Wohl und Wehe des Vertragspartners angewiesen. Geht der Partner bankrott, werden Sie Probleme haben, Ihr Geld von ihm zu bekommen. Es gibt zwar auch Einlagensicherungen, die sind bei Anbietern außerhalb Deutschlands jedoch nicht besonders hoch. Der CFD-Anbieter tritt hier als Emittent auf, der Begriff Emittenten-Risiko wird nirgendwo so greifbar und verständlich wie hier.

Bei der Eröffnung werden Ihnen einige Fragen gestellt, die prüfen, ob Sie die Funktionsweise der Produkte verstanden haben und ob Ihnen klar ist, dass Ihr eingesetztes Kapital in Gefahr ist.

Sollten Sie gefragt werden, ob Sie **professioneller** oder **privater Investor** sind, klicken Sie bitte nicht aus falscher Eitelkeit an, dass Sie ein Profi sind. Das könnte Ihr Leben ruinieren. Vor wenigen Jahren gab es noch die Nachschusspflicht, es gab also die Möglichkeit, mehr zu verlieren, als auf dem CFD-Konto an Geld vorhanden war. Haus und Hof waren also sprichwörtlich in Gefahr. Mittlerweile ist die Nachschusspflicht, soweit man sehen kann, bei den CFD-Anbietern ausgeschlossen, gerade auch aufgrund gesetzlicher Vorgaben. Klicken Sie aber an, dass Sie professioneller Anleger sind, ist die Nachschusspflicht nicht ausgeschlossen.

Einzahlungen gehen in der Regel schnell und unkompliziert mittels Überweisung, Kreditkarte, PayPal oder anderen Zahlungsarten. Haben Sie bereits ein Wertpapierdepot bei dem CFD-Anbieter, kann auch ein Transfer von Guthaben möglich sein.

Auszahlungen erfolgen in der Regel auf dem gleichen Weg wie die Einzahlung, hier kann es jedoch zu erstem Ärger kommen. Viele Anbieter wollen die Auszahlung auf dem gleichen Weg wie die Einzahlung haben, das hat etwas mit der Bekämpfung von Geldwäsche zu tun. Existiert das Einzahlungsmedium jedoch nicht mehr (Kreditkarten können ablaufen), können Sie im schlimmsten Fall mit dem Support in einer Fremdsprache das Problem klären und noch Stromrechnungen als Identitätsnachweise einscannen und schicken.

Meine Tipps für eine erfolgreiche Kontoeröffnung:

1. Passen Sie bei der Höhe der Einlagensicherung auf. Die wirtschaftliche Situation des Anbieters anzuschauen wäre noch besser, doch das können nicht mal professionelle Analysten zuverlässig beurteilen. Im Zweifel bevorzugen Sie deutsche Anbieter, oder Broker, die Ihre Firmengelder von den Investitionsgeldern trennen. Parken Sie auch nie Geld beim CFD-Anbieter, zahlen Sie nur das Geld ein, was Sie zum Investieren brauchen.

2. Zahlen Sie am Anfang nur wenige 100 Euro ein, oft sind nur 250 bis 500 Euro die Mindesteinzahlung. Sollten Sie gleich mit den ersten Geschäften ins Plus geraten, versuchen Sie, sich das Geld auszahlen zu lassen. Es mag sein, dass es eine Auszahlungsgebühr gibt, doch die ist es wert. Wenn die Auszahlung unkompliziert funktioniert, erst recht, wenn Sie im Plus waren, dann können Sie beruhigter weiterhandeln.

3. Hinterlegen Sie keine Festnetznummer als Kontakt. Heben Sie Ihr Geld ab und machen Sie keine weiteren Geschäfte, werden Sie eventuell vom Anbieter regelmäßig angerufen und genervt. Haben Sie Ihre Handynummer hinterlegt, können Sie die eingehenden Anrufe sperren.

Ich möchte Ihnen mit meinen Tipps keine Angst machen, jedoch den nötigen Respekt verschaffen. Ich selbst habe bei mehreren Anbietern Konten eröffnet, ich habe bei Auszahlungen immer mein Geld bekommen.

Haben Sie ein Konto bei einem Wertpapierdepotanbieter, der eine Bank ist und für den CFDs ein Nebenprodukt darstellen (beispielsweise comdirect, Consorsbank, S Broker) so haben Sie eine zusätzliche Reputationssicherheit. Dort gehen Ein- und Auszahlung definitiv einen geregelten Weg und auch Werbeanrufe gibt es nicht, wenn man diesen widerspricht. Wäre das nicht so, würden negative Presseberichte auch dem Kerngeschäft dieser Anbieter schaden.

Funktionsweise

Die Bierdeckelerklärung

Ich kaufe ein Finanzinstrument für 2.000 Euro und hinterlege bei einem vorher festgelegten Hebel von 20 nur 100 Euro als Sicherheit. Steigt das Finanzinstrument auf 2.100 Euro, werden 100 Euro Gewinn ausgezahlt. Fällt es auf 1.900 Euro, werden 100 Euro in Rechnung gestellt.

Das sind weniger als 50 Worte, das könnte mit dem Bierdeckel funktionieren, oder?

Ein paar Sätze und Seiten mehr sind jedoch schon notwendig, um alles zu verstehen.

Wenn der Basiswert ein Index ist, hat er grundsätzlich keinen Preis, er notiert in Punkten.

Bei einem Index, der in Euro notiert, wird der Punktwert (beispielsweise 5.000 Punkte) in einen Preis umgewandelt (beispielsweise 5.000 Euro). Möchten Sie ein CFD darauf abschließen und der Hebel ist bei 20, so werden Sie 250 Euro hinterlegen müssen. Die Rechnung lautet hier 5.000 geteilt durch 20.

Fällt der Index um 125 Punkte (also 2,5 Prozent), werden von

Ihren hinterlegten 250 Euro 125 Euro abgezogen. Das sind dann 50 Prozent auf Ihr hinterlegtes Kapital und zeigt die Kraft des Hebels.

50 Prozent ist das 20-Fache von 2,5. Da der Hebel in meinem Beispiel bei 20 lag, schließt sich hier der Kreis.

Aber Achtung! Sie haben den CFD nicht gekauft, Sie haben nur Geld hinterlegt. Wenn der Index auf 4875 gefallen ist und Sie von den ursprünglichen 250 Euro schon 125 verloren haben, müssen Sie trotzdem so viel Geld hinterlegen, als ob Sie den Kontrakt neu abgeschlossen hätten. In diesem Fall 4875 geteilt durch Hebel 20, also 243,75 Euro.

Wenn Sie so viel Geld nicht mehr auf dem Konto haben oder das Geld bereits für andere CFDs zur Hinterlegung gebraucht wird, dann wird der CFD-Anbieter Ihre Position automatisch schließen. Gerade wenn die Nachschusspflicht ausgeschlossen ist, wird es für den CFD-Anbieter überlebenswichtig, Sicherungsmechanismen einzubauen, sodass seine Kunden nicht zu einem wirtschaftlichen Problem für ihn selbst werden.

Das blanke Konto

Das CFD-Konto in den Totalverlust zu manövrieren, ist gar nicht so leicht, jedoch nicht ausgeschlossen. In der Regel werden Sie mindestens 50 Euro Sicherheiten (bei den meisten Anbietern als Margin bezeichnet) selbst beim günstigsten Finanzprodukt hinterlegen müssen. Haben Sie nur noch 50 Euro auf dem Konto, so würde Ihr Guthaben zu 100 Prozent zur Sicherheiten-Deckung ausgelastet sein.

Es ist Sache des CFD-Anbieters, ob er bei 80, 100, oder beispielsweise 120 Prozent Auslastung anfängt, Ihre Position zwangsweise zu schließen. In der Regel wird Ihr Konto geschlossen, bevor es die schwarze Null erreicht.

Der Totalverlust kann dann kommen, wenn Sie eine Position beispielsweise über Nacht halten, während ein Markt geschlossen hat. Macht der Markt dann am nächsten Tag mit einer deutlichen Kursänderung wieder auf, die deutlich gegen Sie gelaufen ist, so könnte Ihr Konto leer sein.

Ein CFD-Anbieter wird immer versuchen, dieses Szenario zu vermeiden. Wenn der Kurs so unerwartet gegen Sie lief, dass kein Geld mehr da ist, können die Kursverluste in der Regel so stark sein, dass der Anbieter wegen Ausschluss der Nachschusspflicht Ihre Verluste aus seinem Eigenkapital tragen muss.

Long und Short

Sie können mit CFDs auf steigende Kurse (Long-Position) und fallende Notierungen (Short-Position) setzen. Short gehen Sie, indem Sie einen Basiswert verkaufen, ohne ihn vorher besessen zu haben.

Die Short-Position ist vergleichbar mit einem Leerverkauf. Eine Aktie, die 200 Euro kostet und für die Sie bei fünffachem Hebel nur 20 Euro hinterlegen müssen, wird vom CFD-Anbieter geliehen und verkauft. Die erlösten 200 Euro werden am Zinsmarkt angelegt und generieren grundsätzlich Einnahmen. Allerdings kostet das Leihen von Aktien auch Geld, die Leihgebühr.

Die Finanzierungshintergründe sollten Sie wissen, denn wenn eine Position über mehrere Wochen gehalten wird, kann es sonst zu Überraschungen kommen.

CFDs auf Währungspaare – eine andere Welt

Wenn Sie ein Währungspaar wie EUR/USD haben und long gehen, dann kaufen Sie die linke Seite (in dem Fall Euro) und verkaufen die rechte Seite (den Dollar). Wie viel Euro Sie mit einem Kontrakt kaufen, hängt vom CFD-Anbieter ab. Ich habe bei vielen Anbietern 1.000 Einheiten gesehen. Sie würden in unserem Beispiel dann 1.000 Euro kaufen und den Kredit in dem aktuellen Gegenwert der Dollar aufnehmen. Steigt der Euro und Sie schließen den Kontrakt, dann werden wirtschaftlich die 1.000 Euro verkauft und der Dollarkredit damit abgelöst. Sie haben durch den Euroverkauf mehr Dollar bekommen, als Sie zurückzahlen müssen, das ist der Gewinn.

Dass Währungen für Anfänger vom Verständnis her die größte Herausforderung sind, ist nachvollziehbar. Dass eine Eurokursentwicklung von 1,10 auf 1,2 eine Eurostärke ist und es gut ist, wenn man EUR/USD long ist, lässt sich schnell einprägen. Da aber bei CFD-Anbietern alle möglichen Währungspaare angeboten werden, wie beispielsweise USD/CAD oder GBP/CHF, kann es richtig kompliziert werden, vor allem, wenn Ihr Konto auf Euro lautet und ein Gewinn GBP/CHF in GBP anfällt, welcher dann wieder in Euro umgerechnet wird. Dann spekulieren Sie ungewollt auf den EUR/GBP mit Ihrem Geschäft mit.

Sollten Sie in Währungen unterwegs sein, prägen Sie sich ein, dass die linke Seite angelegt und in der rechten die Schulden gemacht werden. Tragen Sie die Summen und den Wechselkurs ruhig in ein Excel ein, verändern Sie den Kurs und schauen Sie, was passiert. Üben Sie es auf einem Demo-Konto. Dann können Sie auch dieses Thema gut beherrschen.

Übrigens: Da CFDs gehebelt sind, werden Sie bei Hebel 10 nicht

1.000 Euro zahlen, sondern nur 100 Euro hinterlegen. Die Leitwährungen wie Euro, Dollar oder Pfund sind sehr liquide und
häufig günstig zu handeln.

Die Finanzierung

Der Swapsatz

Dass die Hebelwirkung meistens kreditfinanziert ist, habe ich bereits erläutert. Konkret auf CFDs bezogen heißt das: Bei einem
Kauf von einem Produkt, welches bei 2.000 Dollar steht, hinterlege ich zwar nur 100 Dollar (bei Hebel 20), der CFD-Anbieter
bezahlt jedoch echte 2.000 Dollar dafür. Musste der Anbieter für
3 Prozent pro Jahr die Dollar von der Bank leihen, so stellt er
Ihnen die Kosten tagesgenau in Rechnung.

In meinem Rechenbeispiel wären es ca. 17 US-Cent am Tag
(2000 Dollar x 0,03/360 Tage). Das mag wenig klingen, doch es
sind auf das Jahr gerechnet 60 Dollar. Da Sie aber nur 100 Dollar
investiert haben, werden Sie auf die Investitionssumme 60 Prozent nur durch die Finanzierung allein pro Jahr verlieren.

Sollten Sie eben noch auf die Idee gekommen sein, dauerhaft in
einen Goldbarren mittels CFDs zu investieren, gleiche Partizipation bei nur 100 Dollar Einsatz, wird die Finanzierung Ihnen alles verderben.

Bei Short-Positionen müssten Sie das Finanzierungsgeld grundsätzlich bekommen, doch Leihgebühren sind nicht weniger günstig.

Berechnet werden CFD-Finanzierungsgebühren dann, wenn Sie
eine Position über die Nacht halten. Öffnen und schließen Sie

die Position innerhalb eines Tages, so haben Sie mit den Kosten nichts zu tun. Zinsen werden nicht minütlich oder stündlich berechnet, übrigens auch nicht im institutionellen Bereich.

Die Finanzierungskosten sind abhängig davon, in welcher Währung der Basiswert notiert. Sind Kredite in Dollar teurer als in Euro, so ist der Finanzierungssatz entsprechend höher.

Dieser Finanzierungssatz wird bei den CFD-Anbietern als Swapsatz angegeben und wird Ihnen vor der Investition bei guten Anbietern transparent angezeigt.

Sonderfall CFDs auf Währungen

CFDs auf Währungen werden wirtschaftlich abgebildet, indem eine Währung gekauft und durch Kreditaufnahme der Gegenwährung (mit Verkauf) finanziert wird.

Die Kreditaufnahme wird hebelbedingt wieder teuer, jedoch wird die gekaufte Währung angelegt. Wenn eine Währung gekauft wird, in der es hohe Zinsen gibt und die verkaufte Währung günstig zu leihen war, könnten Sie sogar Geld bekommen.

Der Spread

Zu jedem Markt gibt es vom CFD-Anbieter Geld- und Briefkurse. Zu Briefkursen schließen Sie Kaufkontrakte ab oder schließen Verkaufskontrakte. Zu Geldkursen eröffnen Sie die Verkaufsposition oder schließen Ihre Kaufkontrakte. Da Briefkurse immer über den Verkaufskursen liegen werden, ist der gleichzeitige Abschluss einer Kauf- und Verkaufsposition in derselben Sekunde und in gleicher Höhe ein garantierter Verlust. Die Differenz zwischen Geld- und Briefkurs nennt man Spread. Je höher der

Spread, desto mehr Gebühr erhält der Anbieter in der Sekunde des Kaufabschlusses.

Zusätzliche Gebühren

Neben dem Spread und den Finanzierungsgebühren kann es noch zusätzliche Kaufabschlussgebühren für bestimmte Basiswerte geben. Hier sind meistens CFDs auf Aktien betroffen. Der Anbieter, welcher am Markt die echte Aktie kauft, muss dort Börsengebühren bezahlen. Diese Gebühren kann er nicht allein durch den Spread finanzieren, deshalb muss er hier Sondergebühren nehmen.

CFDs auf Futures, Indizes – viele kleine Sonderfälle

Auch wenn CFDs grundsätzlich einfach sind, können die Basiswerte besondere Eigenschaften aufweisen, die sich beim Eingang und Verlauf des Kontraktes auswirken und nicht sofort nachzuvollziehen sind. Ich werde einige Fälle durchgehen, die in der Praxis etwas schwieriger zu verstehen sind.

Der Basiswert notiert nicht in Euro

Kostet der Basiswert 1.000 Dollar und der Hebel ist bei zehn, dann müssen Sie 100 Dollar hinterlegen. Notiert Ihr CFD-Konto aber in Euro und der Wechselkurs EUR/USD liegt bei 1,10, so müssen Sie 90,90 Euro hinterlegen (100 Dollar geteilt durch 1,10). Gewinn und Verlust fallen auch in Dollar an und werden in Euro jedes Mal umgerechnet.

Kaufen Sie Gold, welches in Dollar notiert und es steigt, weil der Dollar schwächer wird, so könnte Ihre eigentlich gute Long-Position durch die Umrechnung in Euro an Wert verlieren.

Einige CFD-Anbieter bieten an, die Konten in Dollar zu führen, wenn Sie dann Euro einzahlen, wird es einmalig umgerechnet. Es ist gar nicht so abwegig, es nicht in Euro zu führen.

Die meisten Rohstoffe und wichtigsten Leitindizes notieren in Dollar, professionelle Charttechniker traden häufig in diesen Werten.

Der Basiswert notiert in Punkten

Den Fall habe ich bereits bei der Funktionsweise erklärt: Punkte werden als Betrag angesehen und durch den Hebel geteilt. Da ein Index bei 5-stelligen Punktwerten stehen kann, kann die zu hinterlegende Sicherheit sehr hoch sein. Einige CFD-Anbieter bieten an, Zehntel-Kontrakte zu kaufen. Die Margin wird entsprechend günstiger, der Hebel ändert sich dadurch aber nicht.

Es ist häufig auch möglich, in den Index direkt (wird als Cash oder Kasse bezeichnet) oder in dessen Futures zu investieren. Futures haben selbst auch wieder spezielle Eigenschaften.

Der Basiswert ist ein Future

Futures haben längere Handelszeiten als der eigentliche Kasse-Index. Das macht die Preisnotierung zu später Stunde für den Anleger transparenter. Einige Basiswerte gibt es nur als Futures, das ist beispielsweise bei den meisten Rohstoffen der Fall.

Futures haben eine begrenzte Laufzeit. Schließen Sie den Kontrakt ab, wird er in der Regel spätestens dann geschlossen werden müssen, wenn der Future abgelaufen ist. Es gibt auch Anbieter, bei denen Rohstoffe nicht geschlossen werden. Dort wird der Basiswert aus einer Mischung des aktuellen Futures und des danach folgenden Futures berechnet. Das Mischungsverhältnis ändert sich im Zeitablauf und ist für den Nutzer nahezu nicht nachzuvollziehen.

Der Basiswert ist eine Aktie, die Dividende zahlt

Zahlt eine Aktie eine Dividende, wird der Kurs am Tag der Zahlung um genau diesen Betrag niedriger notieren. Wäre das nicht so, bräuchte ich eine Aktie nur kurz vor der Dividendenzahlung kaufen, nach der Zahlung wieder zu verkaufen und hätte kein Risiko gehabt.

Haben Sie ein CFD auf eine Aktie als Long-Position, so steht Ihnen rechtlich keine Dividende zu. Den niedrigen Kurs am Tag der Zahlung müssen Sie trotzdem gewinnwirksam verkraften. Deshalb wird der CFD-Anbieter Ihnen die Dividende gutschreiben, jedoch vermindert um die Steuer. Alternativ verbietet der Anbieter das Halten der Position über den Dividendentag und schließt sie vorher.

Haben Sie eine Short-Position, müssen Sie die Dividenden an den Anbieter zahlen, dafür haben Sie als Ausgleich einen Kursgewinn durch den Abschlag.

Der Dividendenvorgang wird Sie somit nicht benachteiligen oder bevorteilen. Es ist aber möglich, dass die Position vor dem Ereignis geschlossen wird. Das kann bei jedem Anbieter und für jeden Markt anders sein.

Wie sich der CFD-Anbieter absichert

Wettet der CFD-Anbieter gegen mich? Gewinnt er, wenn ich verliere? Grundsätzlich ginge das, wenn er ein sogenannter Market

Maker ist. Wenn 80 Prozent der CFD-Nutzer wirklich verlieren und die anderen 20 Prozent nicht exorbitant gewinnen, wäre das ein funktionierendes Geschäftsmodell. Ich möchte auch nicht ausschließen, dass es schwarze Schafe am Markt gibt oder gab.

Doch ein Anbieter agiert wie eine Bank. Er hat ein Risikomanagementsystem und wird versuchen, mit wenig Risiko seine Gewinne zu machen. Wenn 90 Prozent der CFD-Nutzer Aktienindizes handeln und davon mindestens 80 Prozent long positioniert sind, was passiert dann, wenn der Markt außergewöhnlich stark tatsächlich steigt? Der Anbieter hätte plötzlich Verluste, die sein Eigenkapital übersteigen – er wäre insolvent.

Er muss also mindestens schauen, welche Marktbewegung gerade sein größtes Risiko ist und genau dieses absichern. Dabei kann er die gleiche Position wie seine Kunden einnehmen, das wäre die perfekte Absicherung. Das ist in der Praxis aber gar nicht immer möglich.

Ein Beispiel wäre, wenn der Großteil der Nutzer im DAX-Index long positioniert sind. Der DAX ließe sich physisch nur bis 17.30 Uhr für den Anbieter abbilden, mittels Futures geht es bis 22 Uhr.

Trotzdem gibt es Anbieter, bei denen der DAX fast rund um die Uhr gehandelt werden kann. Das lässt sich dadurch darstellen, dass andere Indizes deutlich längere Handelszeiten und eine so hohe Korrelation (also Gleichlauf) mit der DAX-Entwicklung haben, dass diese für die Absicherung genommen werden. Vielleicht sind sie ohnehin günstiger in der Sicherung, weil sie deutlich liquider sind. Ein Beispiel dafür wäre der S&P 500, der marktbreite Aktienindex der USA und vielleicht wichtigste Aktienindex der Welt. Selbst wenn der Dow Jones älter und berühmter ist.

Hat der Anbieter keine Chance, sich anderweitig abzusichern – das kann bei Rohstoffen, Einzelaktien oder teilweise Währungen der Fall sein – muss er sich mit dem gleichen Produkt am Markt eindecken. Ist der Markt geschlossen, wird er auch das Eingehen von neuen CFD-Positionen in dieser Zeit nicht zulassen.

Perfekt aus Sicht des Anbieters ist es, wenn er zu einer Long-Position eines Kunden die exakte Gegenposition eines anderen Kunden findet und beide miteinander verbindet. Er wird nicht direkt danach suchen (der Großteil ist im Falle von Aktien tendenziell ohnehin eher long), aber er hat Risiko-Kennziffern, die alle Long- und Short-Positionen aufsummieren und ihm die Information geben, was er absichern muss.

Je schwieriger ein Markt abzusichern ist, desto größer wird der Spread sein. Der Anbieter muss sich Luft verschaffen, um sich ohne Verluste absichern zu können. Schwierig abzusichern kann heißen, der Markt selbst hat einen hohen Spread, ist vielleicht nicht sehr liquide oder hat geschlossen.

Praxisbeispiele

Zum besseren Verständnis und zur einprägsamen Wiederholung möchte ich ein paar Praxisfälle durchgehen, die unterschiedliche Schwierigkeitslevel haben.

Erster Fall: DAX Punktestand 14.000

<u>Margin-Berechnung für ein CFD mit Hebel 20:</u>

14.000 Punkte werden als Eurobetrag genommen und durch 20 geteilt. Sie müssen 700 Euro hinterlegen. Sollte es möglich sein, nur 0,1 CFDs in diesem Basiswert zu handeln, brauchen Sie nur

70 Euro. Es gibt Anbieter, die das mit einem Mini-DAX lösen, der notiert bei 1.400 Punkten, wenn der große DAX bei 14.000 Punkten steht.

<u>Punktwert-Berechnung:</u>

Steigt der Kurs auf 14.001 Punkte, so haben Sie 100 Cent mit einem CFD gewonnen (Ein Punkt ist ein Euro). Konnten Sie 0,1 CFDs kaufen, sind es nur 10 Cent.

Zweiter Fall: S&P 500 Punktestand 4.500

<u>Margin-Berechnung für ein CFD mit Hebel 20:</u>

Die 4.500 Punkte werden als Dollarbetrag genommen und durch 20 geteilt. Sie müssen 225 Dollar hinterlegen, haben Sie ein Euro-depot und der EUR/USD-Kurs liegt bei 1,10, so sind es 225/1,10 = 204,54 Euro.

<u>Punktwert-Berechnung:</u>

Steigt der Kurs auf 4.501 Punkte, so haben Sie 100 US-Cent mit einem CFD gewonnen. Konnten Sie 0,1 CFDs kaufen, sind es nur 10 US-Cent.

Dritter Fall: Öl (WTI Crude Oil) Preis 90 USD

Achtung! Jeder CFD-Broker kann es anders machen. Ich rechne eine mögliche Variante vor:

<u>Margin-Berechnung für ein CFD mit Hebel 10:</u>

Jetzt wird ein wirtschaftlicher Mindest-Investitionsbedarf genommen, beispielsweise 1.000 Dollar. Der wird durch Hebel 10 geteilt, was 100 USD ergibt. Haben Sie ein Eurodepot und der EUR/USD-Kurs liegt bei 1,10, so sind es 90,90 Euro. Was für die Margin-Berechnung leicht ist, wird für die Bewegungs-Berechnung komplizierter.

<u>Berechnung der Bewegung um eine Einheit (hier ein US Cent):</u>

Ein CFD wird jetzt in Einheiten umgerechnet. 1.000 Dollar wirtschaftliche Investitionssumme geteilt durch den Ölpreis von 90 sind 11,11 Einheiten. Mit diesen 11,11 Einheiten bekommen wir 11,11 US-Cent ausgezahlt, wenn der Ölpreis auf 90,01 steigt.

Vierter Fall: AUD/USD 0,73750

Achtung: Jeder CFD-Broker kann für Währungen unterschiedliche wirtschaftliche Investitionsgrößen haben. Ich gehe hier vom Standardfall aus, dass 100.000 Einheiten der linken Seite (in dem Fall AUD) für die Berechnung genommen werden. AUD ist der australische Dollar und USD der US-amerikanische Dollar.

<u>Margin-Berechnung für ein CFD mit Hebel 20:</u>

100.000 australische Dollar geteilt durch 20 sind 5.000. Da bei Währungen häufig 0,01 CFDs gekauft werden können, müssten Sie hier 50 australische Dollar hinterlegen (5.000 x 0,01). Wenn Sie Euro-Investor sind, muss der Betrag noch umgerechnet werden. Bei einem EUR/AUD-Kurs von 1,5 müssen Sie somit 33,33 Euro (50 geteilt durch 1,5) für die Margin aufbringen.

Der aktuelle AUD/USD-Kurs ist hier irrelevant.

<u>Berechnung der Bewegung um eine Einheit (hier ein Pip, die</u>

<u>vierte Stelle hinter dem Komma):</u>

100.000 AUD geteilt durch 0,7375 = 135.593,22 USD. Jetzt bewegt sich der Kurs auf 0,7376. Dann rechnen wir rückwärts 135.593,22 USD mal 0,7376 = 100.013,559 AUD. Die Bewegung liegt somit bei 13,56 AUD. Bei einem EUR/AUD-Kurs von 1,49 muss dieser Wechselkurs noch einmal als Teiler herhalten, wenn wir ein Eurodepot haben. Das sind dann 9,10 Euro pro Pip.

Warum können solche Berechnungen wichtig sein? Wenn Sie nicht wissen, welche Kraft Ihre Order hat, können Sie keine sinnvollen Stoppkurse, bezogen auf Ihr Risiko- und Money-Management, zur Sicherung setzen. Ohne Risiko- und Money-Management gehören Sie ganz sicher zu den 80 Prozent der CFD-Nutzern, die ihr Geld mit dem Produkt verlieren.

Es gibt Broker, die geben Ihnen die ganzen Daten, manche direkt in der Ordereingabemaske, andere indirekt mit einem Onlinetool. Es gibt jedoch auch reichlich Broker, die geben weder Margin-Berechnung noch einen Gewinn-/Verlust-Rechner an. Da lernen Sie es nur durch das Ausprobieren mit Demokonten oder Sie errechnen es selbst.

Seriosität von CFD-Brokern

Wer sich auf Internetseiten oder Videokanälen über CFDs informieren will, wird schnell auf Betrugswarnungen oder Vorwürfe stoßen. Ob diese stimmen oder nicht, mag ich nicht beurteilen, ein paar Gedanken dazu möchte ich schon äußern. Ich gehe auf die gängigsten Vorwürfe ein, die ich gefunden habe. Ich möchte aber unterstreichen, dass es sich hier um meine eigene Meinung handelt.

Der CFD-Anbieter wettet gegen mich

Im kleinen Rahmen wird er es tun, nicht aus Boshaftigkeit oder Gier, sondern weil er gar nicht anders kann. Wenn Sie 20 Euro Margin für eine Long-Position im S&P 500 Index hinterlegen, wie soll er diese Position am Finanzmarkt absichern? Auch wenn es sich um eine wirtschaftliche Position von mehreren hundert Euro handelt, ist die Summe zu klein, um diese mit Futures am großen Finanzmarkt abzusichern.

Die meisten CFD-Anbieter sind sogenannte Market Maker, sie stellen Kurse und Liquidität zur Verfügung. Damit könnten sie grundsätzlich gegen mich agieren oder einen Interessenskonflikt haben.

Ein Anbieter kann bei kleinen Orders mehrere Long-Positionen sammeln und dann absichern oder auf Short-Positionen anderer Kunden hoffen. Er wird also in kleinen Summen kurzfristig gegen mich wetten. Dass er immer gegen mich setzt, ist unwahrscheinlich, wenn auch nicht absolut ausgeschlossen. 90 Prozent der CFD-Nutzer handeln Aktienindizes und davon ist statistisch die Mehrheit auf steigende Kurse aus. Würde der CFD-Anbieter das nicht absichern, würde er in einer Aktienhausse sehr schnell insolvent gehen.

Ich selbst habe bei einer Bank gearbeitet, die zum damaligen Zeitpunkt auch CFDs angeboten hat. Als ich abends im Handelssaal vorbeischaute, saß dort noch ein Händler. Er hatte wegen der CFDs die Spätschicht und stellte sicher, dass die Bank abgesichert ist, wenn sich die Kundenpositionen groß änderten. Ich konnte mit eigenen Augen sehen, dass die Bank nicht gegen den Kunden gewettet hat.

Hinter die Kulissen von anderen Anbietern kann ich nicht schauen, aber absichern müssen sie sich alle. Es sei denn, sie planen, nie Gewinne auszuzahlen, was mich zum nächsten Schreckgespenst führt.

Auszahlungen sind oft nicht möglich

An der Börse durch kurzfristiges Handeln Gewinne zu machen, ist schwer. Wenn man es dann doch geschafft hat und den Auszahlungsknopf drückt, wäre es der Horror, wenn dann das Geld nicht ankommt. Dann gibt es zufällig technische Probleme, die Auszahlung muss über den gleichen Kanal wie die Einzahlung kommen und so weiter. Sollte der CFD-Anbieter insolvent sein, ist das Geld ohnehin weg. Das sind gängige Vorwürfe, was die Sicherheit des Geldes betrifft.

Dass eine Anbieterinsolvenz ein Problem ist, ist unbestritten. CFDs sind, wie normale Zertifikate mit Wertpapierkennnnummern auch, Schuldverschreibungen. Ist der Herausgeber von Schuldverschreibungen insolvent, hat der Gläubiger (also Sie) ein Problem. Der berühmteste Praxisfall ist die Insolvenz der Bank Lehmann Brothers im Jahr 2008.

Wenn Auszahlungen nicht über den gleichen Kanal wie Einzahlungen laufen, kann es schwierig für einen Anbieter sein, Geldwäsche ausreichend vorzubeugen. Deshalb wird eine Auszahlung über andere Kanäle als die Einzahlung bürokratischer und kann sich lange hinziehen.

Ich selbst habe Konten bei mehreren CFD-Anbietern, bei allen hat die Auszahlung funktioniert. Was ich nicht beurteilen kann, ist, was passiert wäre, wenn ich die zehnfache Summe, die vielleicht sogar aus Gewinnen entstanden ist, zur Abhebung gegeben hätte. Das Internet ist voll von Berichten über Vorfälle, bei denen es Auszahlungsprobleme gegeben hat. Ich komme etwas später noch darauf zurück, wie man das Risiko mindern kann, doch vorher möchte ich über weitere Vorwürfe aufklären.

Der Anbieter stellt die Kurse so, wie es ihm passt

Der Klassiker unter den Betrugsvorwürfen. Die Tatsache allein, dass ein Anbieter selbst seine Kurse berechnet (die sogenannten indikativen Kurse), reicht schon, um Betrugswarnvideos zu produzieren, die mehrere hunderttausend Klicks erhalten. Wenn ein Anbieter die echten Börsenkurse liefert, muss er dafür Lizenzgebühren zahlen und diese an den Nutzer weiterzureichen wird schwierig. Privatanleger müssen somit dankbar sein, dass es indikative Kurse gibt, denn die machen den Handel mit kleinen Summen überhaupt bezahlbar.

In den Warnvideos wird so getan, als ob beim Anbieter ein Index bei 1.000 Punkten steht, während er in Wirklichkeit bei 1.020 Punkten notieren müsste. Oder der echte Kurs steigt, beim Anbieter hingegen fällt er. Ich habe so etwas noch nie gesehen. Gäbe es so etwas, würde ein mittelmäßig begabter Arbitrageur das schnell ausnutzen. Er kauft beim CFD-Anbieter den Index für 1.000 Punkte und den echten verkauft er für 1.020 Punkte. Am Markt kann ihm zunächst nichts passieren, er hat eine neutrale Position, wenn auch auf zwei verschiedene Konten verteilt. Danach macht er beim CFD-Anbieter Stress, dass dieser seine Indikation aufbessert und droht am besten gleich mit einer Klage. Bessert der Anbieter um 20 Punkte auf, hat der Arbitrageur einen risikolosen Gewinn von 20 Punkten eingesammelt.

Der Anbieter sieht die Stoppkurse seiner Anleger und nutzt es aus

Hier haben wir eine Mischung aus: „Der Anbieter wettet gegen mich" und: „Der Anbieter stellt die Kurse, so wie es ihm passt".

Wenn der Anbieter nicht gegen mich wettet, gibt es keinen Grund, dass er sich über ausgestoppte Orders von mir freuen sollte. Damit es sich lohnt, den Vorwurf weiter zu verfolgen, tun wir mal so, als ob der Anbieter etwas davon hat, wenn ich ausgestoppt werde.

Was bei CFDs theoretisch passieren kann, ist folgender Fall:

Die Mehrheit der Kunden vom CFD-Anbieter setzt auf steigende Kurse eines Index und hat sich mit Stoppkursen bei der Marke von 1.222 abgesichert. Jetzt fällt der Markt und steht bei 1.223. Sollte der CFD-Anbieter gegen mich wetten und nicht glauben, dass der Markt noch um einen Punkt fällt, so könnte er den indikativen Kurs auf 1.222 einfach festlegen und alle Kunden loggen ihre Verluste ein.

Sollte ein CFD-Anbieter diesen sehr theoretischen Fall wirklich vorhaben, dann versucht er, den echten Markt durch Verkäufe zu drücken und die 1.222 unauffälliger zu erreichen.

Aber auch wenn ich mich wiederhole: Er muss erstmal gegen mich wetten.

Der Anbieter kann den Spread so legen wie er möchte

Das stimmt, wer die Kurse seiner Produkte indikativ festlegen kann, ist erst recht Herr über die Geld- und Briefkurse, vor allem bezüglich der Spanne dazwischen – dem Spread.

Es wird Situationen marktbedingt geben, bei denen muss der Anbieter den Spread ausweiten. Das gilt nicht nur für ihn, es gilt für alle Akteure an einem Finanzmarkt, die Liquidität (also garantierte Ausführungskurse) bereitstellen. Das kann beispielsweise passieren, wenn Märkte sich sehr schnell bewegen oder geschlossen haben. In der Regel sind solche Ereignisse kurzfristiger Natur. Ein CFD-Anbieter wirbt mit seinen Spreads offensiv, er kann es sich gar nicht leisten, längere Zeit von seinem Versprechen abzuweichen.

Bei extremen Kursbewegungen kann der CFD-Anbieter insolvent gehen

Der Fall ist tatsächlich schon passiert. Die Schweizer Notenbank stellte früher sicher, dass der Wechselkurs EUR/CHF bei mindestens 1,20 lag. Für einen Euro bekam man 1,20 Schweizer Franken. Der Kurs konnte grundsätzlich schon leicht unter 1,20 fallen, dann gab es jedoch geldpolitische Maßnahmen, um den Kurs wieder anzupassen. Es war somit möglich, auf die Entwicklung des Wechselkurses zu spekulieren, da er ein wenig schwankte. Wegen der geringen Schwankung nutzten CFD-Nutzer sehr hohe Hebel, um einen finanziellen Effekt zu erzielen.

Am 15.01.2015 beschloss die Schweizer Notenbank aus heiterem Himmel die Kurskopplungsmaßnahmen aufzuheben. Ein künstlich herbeigeführter Wechselkurs wurde von einer Sekunde auf die andere zum Marktkurs. Der Wechselkurs lag plötzlich bei 0,842, was eine Euroabwertung gegenüber dem Schweizer Franken bedeutete. Für einen Euro bekam man nur noch 0,84 Schweizer Franken. Ein Wechselkurs, der sich vorher vielleicht 0,3 Prozent am Tag bewegte, fiel in einer Sekunde um über 30 Prozent.

Wer eine Long-Position im EUR/CHF besaß und diese vernünftigerweise mit einem Stoppkurs abgesichert hatte, musste lernen, dass ein Stoppkurs nur ein Trigger ist. Das heißt, wenn dieser Kurs erreicht wird, wird zum nächsten Marktkurs ausgeführt. Der kann auch 30 Prozent tiefer sein. Das gilt nicht nur für CFDs, das gilt für alle Finanzprodukte, auch Aktien.

Der 15.01.2015 setzte nicht nur einige Anlegerkonten auf null. Es gab damals noch die Nachschusspflicht. Wenn der Kontostand bei 3.000 Euro lag und die Verluste bei 250.000 Euro, so verlangte der Anbieter vom Nutzer dieses zusätzliche Geld. Ein Horrorszenario für jeden CFD-Nutzer. Es gab damals Klagen und außergerichtliche Einigungen, sodass die meisten mit zwei blauen Augen davongekommen sind. Des Weiteren wurde die Nachschusspflicht für in Deutschland neu eröffnete Konten im Jahr 2017 abgeschafft. Heute sollte der Maximalverlust beim eingezahlten Geld liegen, was schon bitter genug ist, wenn man sich mit Stopps abgesichert hatte. Aber passen Sie bei der Kontoeröffnung auf, dass wirklich die Nachschusspflicht ausgeschlossen ist. Wer sich als professionell an der falschen Stelle outet, kann schnell wieder vom Nachschuss betroffen sein.

Was für den Anleger gut ist, weil er nur seinen Einsatz verlieren kann, ist für den CFD-Anbieter ein Problem. Machen zu viele Kunden Verluste, die durch ihr Konto nicht gedeckt sind und hat der Anbieter sich nicht dagegen abgesichert, ist er insolvent. Das passierte vereinzelt auch beim EUR/CHF-Crash, trotz Nachschusspflicht. Wenn der Anbieter das Geld nicht erfolgreich einfordern kann, hilft ihm die Nachschusspflicht auch nicht. Ist der CFD-Anbieter insolvent, dann bekommt auch der Kunde, der richtiglag und aus 3.000 Euro einen Gewinn von 250.000 Euro erwirtschaftet hatte, möglicherweise sein Geld nicht.

2015 ist das passiert. Kann es noch einmal passieren? Hat ein Markt in der Nacht geschlossen und eröffnet am nächsten Tag 10 Prozent tiefer, weil etwas Schlimmes während der Schließzeit passiert ist, so kann das viele CFD-Konten zerstören. Trifft es zu viele Kunden, kann der CFD-Anbieter in Probleme geraten.

Ich werde im Folgenden einige Tipps zusammentragen, um die Gefahr von sehr negativen Erlebnissen zu minimieren.

Praxistipps

Anbieterauswahl

1. Das Eröffnen mehrerer CFD-Konten und die Verteilung von Geld kann Sinn ergeben. Werden mehrere Handelsstrategien (beispielsweise Indizes, Rohstoffe und Währungen) verfolgt, so senkt die Verteilung das Risiko, dass ein schlechter Trade das komplette Guthaben zerstört. Haben Sie das Gefühl, jemand versucht Sie massiv zu Einzahlungen zu überreden, möglicherweise per Telefon, ziehen Sie das Geld ab und sperren Sie die Telefonnummer. Ich selbst gebe nie Festnetznummern bei der Kontoeröffnung an, weil sich Verkaufsanrufe mit dem Handy leichter blockieren lassen.

2. Auch wenn eine Auszahlung bei einzelnen Anbietern bis zu 10 Euro Gebühr kostet, bevor größere Beträge eingezahlt werden, sollte immer schon am Anfang versucht werden, sich das Geld auszahlen zu lassen. Dann sieht man, wie lange es dauert, was die Bedingungen sind und ob alles reibungslos funktioniert.

3. Ein reiner CFD-Anbieter birgt deutlich mehr Risiken als

eine renommierte, in Deutschland ansässige Direktbank, die zusätzlich zum normalen Wertpapiergeschäft auch CFDs anbietet. Stellen Sie sich vor, die Commerzbank würde die Gewinne, die ein Nutzer mit CFDs dort macht (angeboten durch ihre Marke comdirect), nicht auszahlen. Die angebotenen Märkte und der Komfort sind bei den Direktbanken manchmal unter dem Niveau der reinen CFD-Anbieter, doch das muss nicht schlimm sein.

Gehandelte Märkte

4. Wer den S&P 500, EUR/USD und Gold handelt, kann damit seine Trading-Strategien zu 90 Prozent abdecken, solange er keine Einzelaktien handeln möchte. Der S&P bestimmt die Musik für einen Großteil aller Aktienindizes, auch die der europäischen Vertreter. Die Korrelation der Indizes ist so hoch, dass Institutionelle mit Short-Positionen im S&P sich gegen einen Absturz des DAX absichern können. Der S&P ist aber superliquide, deshalb günstig zu handeln und ist weniger empfindlich für kurzfristige starke Kursschwankungen. Trading-Profis nutzen für Aktienindizes deshalb häufig den S&P.

EUR/USD ist der wichtigste Wechselkurs und das am stärksten gehandelte Finanzprodukt der Welt, hier können Externe kaum etwas manipulieren. Beim britischen Pfund sollen das schon einzelne Hedgefonds-Manager geschafft haben.

Wer Gold handelt, braucht keine Silber- oder Platinposition, die Märkte laufen sehr ähnlich, Gold ist aber liquider, da es am häufigsten von den Edelmetallen gehandelt wird.

Ein größeres Anlageuniversum kann trotzdem sinnvoll

sein. Wenn Sie nach technischen Indikatoren handeln, kann es sein, dass diese an einem Tag nur bei EUR/NZD und am nächsten Tag nur bei CHF/USD ausreichend Signale liefern.

Der richtige Einsatz

5. Ohne zu sehr ins Detail gehen zu wollen, da mein Buch sich an Trading-Einsteiger richtet: Wer 50.000 Euro oder 100.000 Euro zum Spekulieren nutzen möchte und kann, der wird mit Futures oder Optionen handeln. Nicht mit CFDs, denn dort ist das Emittenten-Risiko zu hoch.

6. 80 Prozent der CFD-Nutzer verlieren Geld. Selbst wenn Sie später alle Tipps aus meinem Buch beherzigen, haben Sie zwar deutlich gestiegene Chancen, zu den anderen 20 Prozent zu gehören, es ist aber keine Garantie. Wenn Sie mit der Einstellung rangehen, dass das eingezahlte Geld im schlimmsten Fall weg sein kann und das ziemlich schnell, sind Sie auf dem richtigen Weg. Dann fehlen nur noch realistische Ziele.

Die richtigen Ziele

7. Das Gesamtziel sollte nicht sein, aus 5.000 Euro eine Million zu machen. Das hätte nicht mal funktioniert, wenn Sie im EUR/CHF am 14.01.2015 short mit 5.000 Euro (und Hebel 200) gewesen wären. Ein Glückstreffer reicht also nicht. Wenn Sie diesen suchen, wird mit hoher Wahrscheinlichkeit Ihr CFD-Konto auf dem Weg dahin mehrfach gecrasht worden sein. Versuchen Sie mal ein Jahr lang zu handeln und dabei nicht in die Verlustzone zu geraten. Dann gehören Sie schon zu den besten 20 Prozent, sollte

es gelingen. Wenn es funktioniert, versuchen Sie 20 Prozent pro Jahr zu erreichen. Wenn Sie das jedes Jahr schaffen, gehören Sie vermutlich schon zu den besten 2 Prozent.

Für jedes Geschäft sollten immer Stoppkurse gesetzt und diese nie in Richtung der Verlustzone angepasst werden. Den Stopp nach oben zu ziehen, um bereits erzielte Gewinne zu sichern, ist völlig in Ordnung. Der erwartete Gewinn sollte das 1-bis-3-fache Ihres Verlustes bei Auslösung des Stopps betragen.

Nachschusspflicht

8. Auch wenn die Nachschusspflicht bei Ihrem Anbieter ausgeschlossen ist: Der Anbieter wird sich von Ihrem Guthabenkonto solange bedienen, wie Geld vorhanden ist. Der Ausschluss der Nachschusspflicht bedeutet nur, dass Ihr Trading-Konto nicht ins Minus kommen kann. Parken Sie jedoch Geld auf dem Konto, welches Sie eigentlich nicht brauchen, kann der Anbieter sich daran bedienen. Halten Sie also nur so viel Geld auf dem Konto, wie Sie für Ihre Geschäfte brauchen.

Was ist mit CFDs auf Kryptos und was ist mit Social Trading?

Warum habe ich mich in dem CFD-Kapitel nicht mit Kryptowährungen und Social Trading beschäftigt? Ich halte beides nicht für sinnvoll, erst recht nicht für Neulinge, doch möchte ich diese Themen zum Abschluss kurz anreißen.

Kryptowährungen

Ich bin mir sicher, dass viele, die Kryptowährungen handeln, egal ob direkt oder indirekt, mit CFDs nicht erklären können, was eine Blockchain ist. Was Aktien oder Rohstoffe hingegen sind, wird den meisten geläufig sein. Wenn man die Tücken des Basiswertes nicht kennt, kann es gefährlich werden. Die Volatilität in diesen Produkten ist so hoch, dass von CFD-Anbietern häufig nur geringe Hebel angeboten werden. Eine Bewegung wie 2015 im Schweizer Franken ist hier fast schon Normalität.

Kryptowährungen lassen sich in Bruchteilen handeln und die Volatilität ist sehr hoch. CFDs werden benötigt, einen teuren Basiswert günstig handeln zu können und kleine Bewegungen zu großen Gewinnen machen zu können. Also, wer die Kryptos spielen möchte, kann es auch direkt tun, Anbieter dafür gibt es wie Sand am Meer.

Social Trading

Es gibt Plattformen, die bieten an, dass Sie die Geschäfte von erfolgreichen Tradern kopieren können. Dazu werden Bestenlisten veröffentlich und Sie können sich einen Trader aussuchen und ihm folgen. Handelt dieser beim nächsten Mal, werden Ihre Geschäfte so ausgeführt, wie es der Trader macht. Mit allen Gebühren und mit allen Risiken. Um alle Geschäfte genau kopieren zu können, sind meistens mehrere tausend Euro Einzahlung bei einem CFD-Anbieter nötig. Den richtigen Trader zu finden, der dauerhaft Ihr Vermögen vermehrt (abzüglich der Gebühren) ist eine Wissenschaft an sich und kann ein Buch füllen.

Es gibt darüber tatsächlich auch Bücher.

Ist der Trader gut und beherzt die goldenen Trading-Regeln wie Strategie, Risiko- und Money-Management, können Sie genau genommen nur die Strategie kopieren. Das Risiko- und Money-Management muss allerdings auf Sie abgestimmt sein, der Trader wird es jedoch auf sich abstimmen.

Ich habe mir die Profile von unendlich vielen Tradern in den Bestenlisten angeschaut. Ich selbst konnte keinen finden, bei dem ich nichts zu meckern hatte. Wenn ich wirklich so viel Sachverstand habe, den Trader beurteilen zu können, kann ich mir die Kopiergebühren auch sparen und selbst erfolgreich handeln.

Wir sind jetzt beim CFD-Kapitel am Ende angelangt und werden uns nun im nächsten Kapitel einem alternativen Hebelprodukt beschäftigen, den Knock-out-Zertifikaten.

Bevor es aber losgeht, habe ich Interview mit dem CFD-Anbieter WH Selfinvest geführt, um einen Finanzdienstleister zu Wort kommen zu lassen.

Interview mit dem CFD-Broker WH Selfinvest

Einen Interviewpartner für CFDs zu finden ist nicht leicht. Ein Anbieter kann Market Maker sein, also frei in seiner Vorgehensweise, wie und ob er sich sichert, oder reiner Broker. Als reiner Broker wandelt er CFD-Orders in Börsenorders um und ist somit immer gesichert. Der Broker verdient allein durch die Platzierung eine Provision, während ein Market Maker über günstige Sicherungsgeschäfte einen zusätzlichen Gewinn generieren kann.

Wenn ich Market Maker gefragt habe, war die Bereitschaft, ein Interview zu geben, sehr gering. Zu aufwändig wäre die rechtliche Abstimmung beim Interviewpartner gewesen und noch dazu lässt sich nicht jeder gerne in die Karten schauen. Das gleiche gilt auch später für KO-Zertifikate, diese werden bei den Finanzdienstleistern von denselben Produkteinheiten verwaltet (Delta-1 Desk). Deshalb gibt es dafür auch kein Interview.

Ich bin daher sehr dankbar, dass ich mit dem Broker und CFD-Anbieter WH Selfinvest sprechen konnte und habe dafür Stefan Fröhlich interviewt.

Beschreiben Sie bitte kurz Ihr Unternehmen und welche Hebelprodukte Sie für Privatanleger anbieten.

WH Selfinvest ist seit 1998 am Markt und bietet bei Hebelprodukten eine breite Produktpalette von ca. 5.000 CFD, ca. 80 Devisenpaaren und den Handel von Futures über die Terminbörsen Eurex, CME, Euronext, Liffe, ICE US und ICE Europe an.

Weshalb sollte ich CFDs für das Trading nutzen?

CFD und auch der Forexhandel eigenen sich am besten für aktive Anleger mit wenig Tradingkapital. Durch die Hebelwirkung und konsequentes Risikomanagement ist es möglich, größere Positionen mit weniger Kapitaleinsatz halten zu können. Auch Aktienanleger können mit Aktien-CFDs das gleiche Volumen wie bei physischen Aktien handeln, müssen dabei aber weniger Kapital aufwenden. Dies ergibt besonders für kurz- bis mittelfristige Positionen einen großen Vorteil gegenüber dem Cash bzw. Kassamarkt.

Für welche Haltedauer ergeben CFDs Sinn?

Bei CFD-Endlos-Kontrakten (kein Verfallsdatum), für die jede Nacht Finanzierungskosten berechnet werden, ist die ideale Haltedauer von intraday bis zu 4 Monaten. Bei Future-CFD kann die Position bis zur Fälligkeit beliebig gehalten werden, da hier für das Halten der Position keine Kosten anfallen.

Bis zu welcher Depotgröße ergeben CFDs Sinn?

Es kommt darauf an, was der einzelne Anleger für Anlageziele hat. Sollen beispielsweise offene Aktienpositionen abgesichert werden, sind auch höhere Depotgrößen bis zu 100.000 Euro sinnvoll. Die überwiegende Anzahl der Depots liegt in einer Range von 500 bis 20.000 Euro.

Die Nachschusspflicht ist für Privatanleger weitestgehend weggefallen und kann für den Emittenten ein operativ größeres Risiko bedeuten. Wie schützen Sie sich davor?

Mit dem Wegfall der Nachschusspflicht haben sich gleichzeitig auch die Margins erhöht, sodass es mehr Puffer bei kritischen Trades gibt. Durch konsequentes Risiko-Management werden Positionen, die Gefahr laufen, ins Minus zu gehen, vorher durch uns geschlossen. Damit schaffen wir es, die operativen Risiken für uns klein zu halten.

Was genau würde mit meinem eingezahlten Kapital passieren, wenn Sie zahlungsunfähig wären?

Da wir die Kundengelder getrennt von den Firmengeldern halten, gelten alle Kundeneinlagen als Sondervermögen und würden nicht Teil der Konkursmasse werden. Das Geld wird dann einfach an die Kunden zurückgezahlt.

Ich möchte einen CFD-Kontrakt auf einen Index eröffnen. Was passiert beim Emittenten in der Sekunde, in der ich den Kontrakt abschließe?

Wir preisen Index CFD anhand des entsprechenden Future-Kurses. Da wir keinen Dealing-Desk haben, werden alle Kundenpositionen gehedgt. Wir sind immer neutral, das heißt in der Sekunde, in der die Order ausgeführt wird, ist der Hedge ebenfalls vollzogen. Dieses CFD-Business-Modell nennt sich STP (straight through processing). Damit stellen wir sicher, dass wir keinen Interessenskonflikt mit dem Kunden haben.

Könnten Sie als Emittent die Stoppkurse der Kunden sehen und das in irgendeiner Form für sich nutzen?

Im außerbörslichen Handel ist alles transparent. Wir kennen jede Order und Position. Das müssen wir auch, falls der Kunde eine Position ausnahmsweise telefonisch glattstellen möchte. Der Stopp wird dann ausgeführt, wenn der Marktpreis diesen erreicht. Wir sind immer neutral positioniert und verdienen ausschließlich an ausgeführten Orders. Das ist das fairste Modell für den Kunden.

Welche Gründe sehen Sie, dass 70 bis 80 Prozent der Kleinanleger Verluste machen?

Ein Traden ohne Verluste ist nicht möglich. Die Zahlen spiegeln ja immer nur einen bestimmten Zeitraum wider. Diese Zahl sagt ja nichts darüber aus, wie viele Kunden wirklich profitabel sind. Im Gegenteil müssten Anleger in Staatsanleihen mit bester Bonität bei negativen Zinsen den Hinweis geben, dass 100 Prozent der Anleger Geld bei diesem Produkt verlieren.

Meistens entstehen größere Verlustpositionen jedoch dadurch, dass keine Stopps gesetzt werden und Verlusttrades nicht mit kleineren Verlusten glattgestellt werden. Das ist immer noch der Kardinalfehler. Wer eine profitable Strategie diszipliniert handelt und jedes Signal beachtet und sein Risiko begrenzt, der macht langfristig Gewinne. Das zeigt zum Beispiel unser Investui-Service, bei dem Markteffekte von uns im Kundenauftrag gehandelt werden. Hier sind aktuell nur 22 Prozent der CFD-Konten im Verlust.

Knock-out-Zertifikate
(Turbos, Mini-Futures, etc.)

Zertifikate, die eine Kursbarriere haben und bei Erreichen dieser Kursmarke wertlos verfallen, nennt man Knock-out-Zertifikate (im Folgenden KO-Zertifikate genannt). Unter den Zertifikate-Emittenten gibt es verschiedene Bezeichnungen dafür. Turbos, Sprinter oder Waves sind exemplarische Bezeichnungen.

Der Begriff Mini-Future ist kein weiteres Synonym zu den vielen KO-Zertifikatsbegriffen, da er eine Eigenschaft besitzt, die ihn von seinen Konkurrenten abhebt: Er hat zusätzlich zur KO-Schwelle auch eine Stopp-Loss-Barriere, die das Ziel hat, dem Schein kein wertloses Ende zu geben. Ich werde bei der Produktbeschreibung mit den Eigenschaften beginnen, die bei allen Zertifikaten identisch sind und im weiteren Verlauf auf die verschiedenen Abwandlungen eingehen.

Preisbildung von KO-Zertifikaten bei Long-Positionen

KO-Zertifikate sind Derivate auf einen Basiswert, der am Finanzmarkt gehandelt wird. Die Preisbildung am Markt sollte nachvollziehbar, also transparent sein, beispielsweise durch offizielle Börsenkurse. Des Weiteren muss der Basiswert leicht handelbar, also liquide sein. Liquidität und Transparenz machen einen Basiswert wie Indizes, Aktien, Rohstoffe und auch Währungen zu geeigneten Kandidaten, um für Zertifikate abbildbar zu sein. Das gilt grundsätzlich auch für CFDs, doch während bei CFDs der Preis der Basiswerte vom Emittenten selbst berechnet wird, orientiert sich das Zertifikat an offiziellen Preisen, beispielsweise der Börse. Leider ist nicht jeder Basiswert börsengehandelt, Währungen sind das beste Beispiel dafür. Doch auch diese Produkte haben in der Regel einen Futures-Markt, für den offizielle Kurse existieren, sodass die Preisbildung einigermaßen transparent ist.

Egal wie teuer ein Basiswert ist, der Preis von einem KO-Zertifikat hat im ersten Schritt damit nichts zu tun. Alle KO-Zertifikate haben einen Basispreis (auch Strike genannt). Die Differenz zwischen dem Basispreis und dem Marktpreis des Basiswertes ergibt den Zertifikatspreis. Ich erläutere dafür im Folgenden Beispiele und gehe davon aus, dass der Investor immer auf steigende Kursnotierungen setzt, also long ist.

Beispiel 1:

Der Basiswert ist eine Aktie, die 100 Euro kostet. Das Zertifikat hat den Basispreis 0. Wir haben ein Bezugsverhältnis von 1:1.

Das Zertifikat wird immer genauso viel kosten wie die Aktie, denn 100 (Aktienpreis) − 0 (Basispreis) = 100 Euro. Steigt die

Aktie auf 120, dann gilt 120 – 0 = 120. Also alles recht einfach, und da das Zertifikat mit jeder Einheit, welche die Aktie steigt, in gleicher Geschwindigkeit mitsteigt, ist es ein Delta-1-Produkt. Es existiert kein Hebeleffekt, denn eine Steigerung der Aktie macht prozentual genauso viel Gewinn wie das Zertifikat.

Beispiel 2 (anderes Bezugsverhältnis):

Der Basiswert ist eine Aktie, die 100 Euro kostet. Das Zertifikat hat den Basispreis 0. Das Bezugsverhältnis ist 1:10. Zehn Zertifikate sind so viel wert wie eine Aktie.

Das Zertifikat wird ein Zehntel so viel kosten wie die Aktie, denn 100 (Aktienpreis) – 0 (Basispreis) = 100. Jetzt wird aufgrund des Bezugsverhältnisses aber durch 10 geteilt. Das Zertifikat kostet damit 10 Euro.

Steigt die Aktie auf 120, dann gilt (120 – 0) / 10 = 12. Also alles ebenfalls recht einfach und da die Aktie mit jeder Einheit, welche steigt, das Zertifikat in gleicher Geschwindigkeit mitsteigt, bleibt es ein Delta-1-Produkt. Es existiert weiterhin kein Hebeleffekt, denn eine Steigerung der Aktie macht prozentual genauso viel Gewinn wie das Zertifikat. Ich kann zwar jetzt 10 Zertifikate für den Preis einer Aktie kaufen, ich bin aber pro Zertifikat nur an 10 Prozent von einer Aktie beteiligt.

Der Vorteil des Bezugsverhältnisses ist, dass ich mit kleineren Summen in teure Basiswerte investieren kann.

Beispiel 3 (Basispreis ist nicht mehr 0):

Der Basiswert ist eine Aktie, die 10 Euro kostet. Das Zertifikat hat den Basispreis 5. Unser Bezugsverhältnis ist 1:1.

Das Zertifikat wird nie genauso viel kosten wie die Aktie, denn 10 (Aktienpreis) − 5 (Basispreis) = 5 Euro. Steigt die Aktie auf 12, dann gilt 12 − 5 = 7. Da mit jeder Einheit, welche die Aktie steigt, das Zertifikat in gleicher Geschwindigkeit mitsteigt (ein Euro die Aktie, ein Euro das Zertifikat), ist es weiterhin ein Delta-1-Produkt.

Da ich nur 5 Euro investiere, aber die Kraft einer 10-Euro-Investition habe, ist hier ein Hebel vorhanden. Investiere ich am Anfang 10 Euro in zusammen zwei Zertifikate, so werde ich mit doppelter Geschwindigkeit an Kursgewinnen partizipieren. Leider gilt das auch für die andere Richtung.

Fällt die Aktie von 10 auf 6, so gilt: 6 (Aktienpreis) − 5 (Basispreis) = 1.

Die Aktie hat 40 Prozent verloren. Mein Zertifikat ist von 5 auf 1 gefallen, also um 80 Prozent.

Beispiel 4 (Basispreis ist nicht 0 und Bezugsverhältnis nicht 1:1):

Jetzt mischen wir alle Sonderfälle und sind damit aber schon in der realen Praxis.

Mein Basiswert ist jetzt ein Index, welcher bei 1000 Punkten notiert. Es wird hypothetisch angenommen, dass er 1000 Euro kostet. Das Zertifikat hat den Basispreis 700. Unser Bezugsverhältnis ist 1:100. Das Zertifikat ist deutlich günstiger als der Index, denn 1000 (Indexpreis) − 700 (Basispreis) = 300. Jetzt wird aufgrund des Bezugsverhältnisses aber durch 100 geteilt. Das Zertifikat kostet 3 Euro.

Steigt der Index auf 1100, dann gilt (1100 – 700) / 100 = 4. Weil mit jeder Einheit das Zertifikat linear mitsteigt (100 Indexpunkte sind immer 1 Euro beim Zertifikat), bleibt es ein Delta-1-Produkt. Es existiert ein Hebeleffekt, denn eine Bewegung des Index verursacht eine prozentual größere Bewegung des Zertifikates.

Die Höhe des Hebels variiert. Je näher das Zertifikat sich der 0 nähert, desto höher der Hebel.

Kleine Rechnung: Bei 750 Indexpunkten kostet das Zertifikat nur noch 50 Cent. Steigt der Index auf 1100, kostet das Zertifikat (1100 – 700) / 100 = 4. Der Index hat knapp 47 Prozent gewonnen. Beim Zertifikat sind es 700 Prozent Gewinn.

Ich kann es auf die Spitze treiben und den Einstieg bei 705 Indexpunkten setzen. Dann kostet das Zertifikat 5 Cent. 1100 Indexpunkte sind dann 56 Prozent Gewinn im Basiswert. Beim Zertifikat wären es 7.900 Prozent (!).

Wo ist der Haken? Die KO-Zertifikate haben eine Knock-out-Schwelle, welche das Produkt faktisch wertlos verfallen lässt. Diese wird mindestens in Höhe des Basispreises liegen, also bei 700 Punkten. Wird diese Schwelle berührt, ist das Zertifikat ausgeknockt, also verfällt wertlos und wird auch nie wieder einen Wert haben. Wer für 1.000 Euro 20.000 5-Cent Zertifikate kauft, wird dieses Geld verlieren, sobald der Index eine kurze Berührung der 700-Punkte-Marke erfährt.

Warum das so ist, erklärt sich in der Tatsache, dass es keine Nachschusspflicht gibt. Ein Zertifikat kann keinen negativen Wert haben. Wenn es ökonomisch negativ werden würde, müsste der Emittent den Verlust tragen. Deshalb knockt das Produkt aus. Die Absicherungsposition des Emittenten wird bei Knock-out aufgelöst, weshalb das Produkt auch nicht mehr an Wert gewinnen kann.

Sollte es gerade Werktag sein und Sie versuchen im Internet einen aktiven KO-Schein live nachzurechnen, werden Sie wahrscheinlich feststellen, dass der Zertifikatspreis etwas teurer ist als erwartet. Das wird am sogenannten **Aufgeld** liegen, auf das ich später zurückkommen werde. Vorher möchte ich auf eine der wichtigsten Varianten von KO-Zertifikaten eingehen: den Mini-Future.

Mini-Future – das Stopp-Loss-Zertifikat

Der Mini-Future ist dem normalen KO-Zertifikat sehr ähnlich. Es gibt auch hier einen Basiswert, einen Basispreis und ein Bezugsverhältnis. Der Preis des Mini-Futures errechnet sich auch grundsätzlich wie beim KO-Schein. Es gibt jedoch eine zweite Barriere, die beim Mini-Futures-Long über dem Basispreis liegt.

Fällt der Basiswert und berührt die Barriere, passiert Folgendes: Der Emittent hat wirtschaftlich das Zertifikat abgesichert. Dieses Sicherungsgeschäft könnte ein richtiger Future sein oder im Falle eines Mini-Futures auf Aktien die richtige Aktie. Wenn die Barriere berührt wird, löst der Emittent das Sicherungsgeschäft auf. Der Erlös von der Auflösung wird genommen und ein Restwert ermittelt. Diesen Restwert bekommen Sie ausgezahlt, das Zertifikat selbst ist ausgestoppt. Es wird nicht mehr an Wert gewinnen und verschwindet vom Markt.

Beispiel: Ein Mini-Future auf eine Aktie, die 100 Euro kostet, hat den Basispreis von 40 und eine Stopp-Barriere bei 50. Bezugsverhältnis ist 1:10.

Das Zertifikat kostet sechs Euro. (100 – 40) / 10 = 6.

Fällt die Aktie auf 50 und berührt die Stopp Barriere, steht das Zertifikat bei einem Euro. (50 – 40) / 10 = 1.

Der Emittent verkauft die Aktie für beispielsweise 49 Euro und erlöst für Sie einen Restwert in Höhe von 90 Cent.

(49 – 40) / 10 = 0,9.

Sie bekommen in der Regel 3-5 Tage nach dem Stopp-Ereignis 90 Cent pro Zertifikat auf Ihr Konto überwiesen.

Wichtig zu wissen:

- Wird die Stopp-Barriere berührt, lebt das Zertifikat nicht mehr weiter.

- Die Auflösung des Sicherungsgeschäftes kann Sekunden, manchmal aber auch Stunden dauern. Das hängt davon ab, wie liquide der Basiswert ist, wie groß das Sicherungsgeschäft war und wie gut der Händler des Emittenten agiert.

- Rauscht die Aktie innerhalb von Sekunden nach Berührung der Stopp-Barriere nach unten und durchbricht auch den Basiswert, so kann der Restwert Null sein.

Bei der Restwertermittlung sind Sie von der Qualität des Emittenten abhängig. Sie werden auch nicht kontrollieren können, ob Sie einen angemessenen Restwert bekommen. Mit etwas Marktkenntnis können Sie jedoch sehr gut einschätzen, ob Sie einen guten Emittenten haben oder nicht.

Wenn Sie einen ausgestoppten Mini-Future auf einen sehr liquiden Basiswert haben, beispielsweise EUR/USD oder Aktienindizes wie den S&P 500 und dieser nach Berühren der Stopp-Schwelle nicht stark weiterfällt, sollte der Restwert hoch sein.

Machen Sie regelmäßig die Erfahrung, dass der Restwert nicht gut ist, können Sie andere Emittenten ausprobieren und schauen, ob es dort besser ist.

Kreditkosten der KO-Zertifikate

Hebel kosten leider Geld. Haben wir eine Aktie, die 200 Euro kostet und das Hebelzertifikat hat den Basispreis 100 (Bezugsverhältnis 1:1), dann sind diese 100 Euro ein Kredit.

Wenn Sie 100 Euro in der Tasche haben und 100 Euro von der Bank leihen, anschließend für 200 Euro die Aktie kaufen, haben Sie nichts anderes gemacht als der Emittent des KO-Zertifikats. Es hat auch rechnerisch die gleiche Hebelwirkung (in unserem Beispiel ein zweifacher Hebel).

Die Bank würde Zinsen von Ihnen haben wollen. Der Zertifikate-Emittent möchte das auch, doch wie kommt er an Ihr Geld?

Der Emittent passt regelmäßig den Basispreis an und damit auch zu seinen Gunsten die KO-Schwelle, um die Kreditkosten einzuspielen.

Beispiel: Der Basiswert ist ein Index (Punktestand 1.000), Basispreis 800 Euro, Bezugsverhältnis 1:1, Kreditzins 3,5 Prozent, das Zertifikat hat keine Laufzeitbegrenzung.

Das Zertifikat kostet zunächst 200 Euro (1000 − 800 = 200).

Der Emittent hat Ihnen wirtschaftlich 800 Euro geliehen. Für die 800 Euro fallen jeden Tag knapp 8 Cent Zinsen an (800 x 0,035 / 360). Nach 13 Tagen wird der Basiswert auf 801 angepasst (1 Euro / 0,08 Cent = 12,5 Tage).

Steht nach 13 Tagen der Index immer noch bei 1.000 Punkten, ist Ihr Zertifikat nur noch 199 Euro wert (1.000 −801 = 199), obwohl der Markt nicht gegen Sie gelaufen ist. So erhält der Emittent von Ihnen die Kreditkosten.

Es mag wenig klingen, doch nach einem Monat haben Sie bereits drei Euro und damit 1,5 Prozent Ihres Einsatzes durch die Kreditkosten verloren. Nach einem Jahr sind es 28 Euro und 14 Prozent Ihres Einsatzes. Der Hebeleffekt schlägt sich somit auch in der Finanzierung nieder, genau wie bei den CFDs.

Sollten Sie den Gedanken zwischenzeitlich gehegt haben, ein leicht gehebeltes Indexzertifikat über mehrere Jahre laufen zu lassen, werden Sie jetzt feststellen, dass es langfristig wenig sinnvoll ist. Ein ETF hat im Vergleich dazu nur einen Bruchteil der Kosten, da sind es eher 0,1-0,2 Prozent im Jahr. Für Hebelzertifikate und CFDs gilt: Es sind kurzfristig einzusetzende Finanzprodukte.

Meine Ausführung über die Kreditkosten gingen von einer unendlichen Laufzeit des Zertifikates aus. Faktisch kann es nicht unendlich laufen, weil der Basiswert früher oder später den Basispreis einholt und das Knock-out-Ereignis auslöst.

Hat das KO-Zertifikat oder der Mini-Future eine endliche Laufzeit, so kann der Basiswert gleichbleiben und in den Zertifikatspreis wird ein Aufschlag eingepreist. Dieser wird zum Ende der Laufzeit immer kleiner, damit lassen sich die Finanzierungskosten auch an den Anleger durchreichen.

Preisbildung von Short-Zertifikaten

Wir haben bisher die KO-Zertifikate von der Long-Seite betrachtet, also haben auf steigende Kurse gesetzt. Die Short-Seite zu betreten und auf fallende Kurse zu spekulieren, ist mit KO-Zertifikaten nicht schwer.

Unser Basispreis ist nun über dem Kurs des Basiswertes. Je stärker der Basiswert sinkt, desto größer wird der Abstand. Dass die Größe des Abstandes zum Basispreis den Wert des Zertifikates ausmacht, gilt auch für die Short-Seite. Steigt ein Basiswert und berührt den Basispreis, wird auch hier das Knock-out-Ereignis ausgelöst.

Beispiel:

Der Basiswert ist wieder eine Aktie, die 100 Euro kostet. Das Short-Zertifikat hat den Basispreis 130. Das Bezugsverhältnis ist 1:1.

Der Preis des Zertifikates liegt bei 30 Euro (130 − 100).

Fällt die Aktie auf 90, so steigt der Zertifikatspreis auf 40 Euro (130 − 90).

Steigt die Aktie auf 120, so fällt der Zertifikatspreis auf 10 Euro (130 − 120).

Wird die 130-Euro-Marke berührt, dann ist das Zertifikat ausgeknockt.

Was passiert wirtschaftlich?

Der Emittent leiht die Aktie für 100 Euro und verkauft sie. Den Erlös legt er auf die Bank. Er zahlt Leihgebühren und bekommt Guthabenzinsen. Wenn er das Sicherungsgeschäft auflösen muss, dann kauft er die Aktie und gibt sie dem Verleiher zurück.

Die Leihgebühren sind in der Regel höher als die Guthabenzinsen. Der Emittent muss deshalb auch hier zu Ihren Ungunsten den Basispreis anpassen, um an sein Geld zu kommen. Im Zeitverlauf wird der Basispreis und damit die KO-Schwelle sinken.

Der Mini-Future hat auch auf der Short-Seite eine Stopp-Schwelle. Diese liegt zwischen dem Preis des Basiswertes und dem Basispreis.

Damit der Basispreis die Stopp-Schwelle nicht irgendwann einholt, muss sich die Schwelle synchron zum Basispreis anpassen.

Aufgeld und Spread

Jetzt kommen wir zu dem Teil, der nicht in den Werbemitteln der Zertifikate-Emittenten steht und bei der Bepreisung leider häufig intransparent ist. Die Preiskomponenten, die abseits vom inneren Wert liegen, also die Differenz zwischen Basispreis und Preis des Basiswertes, lassen sich nicht so leicht rechnerisch erklären.

Der Emittent wird versuchen, seine ausgegebenen Produkte so abzusichern, dass er durch keine Marktgegebenheiten selbst einen Verlust erleidet.

Folgenden Problemen muss er sich stellen:

- Der Basiswert ist illiquide und hat hohe Geld/Brief-Spannen, also Spreads.

- Der Basiswert ist nicht mehr handelbar.

- Die Finanzierungskosten ändern sich unerwartet und schnell.

- Die Volatilität ist so hoch, dass ein rechtzeitiges Auflösen von Sicherungsgeschäften kaum möglich ist.

Das Risiko, dass der Basiswert nicht gehandelt werden kann, trägt der Kunde. In dem Fall wird das Zertifikat erst dann wieder gepreist, wenn der Basiswert handelbar ist. Es ist nicht unrealistisch, dass der Basiswert vom Handel ausgesetzt wird. Krisen, Sanktionen oder selbst Naturereignisse wie Erdbeben können eine Börse schnell eine Woche lang zumachen lassen. Bei Einzelaktien ist das Risiko noch größer.

Die hohen Geld-/Briefspannen lassen sich über den Spread des Zertifikates weitergeben.

Spreads

Die Spanne zwischen Geld- und Briefkursen, fachlich Spread, wird häufig als Gebühr für den Emittenten dargestellt. Um das Sicherungsgeschäft mit Futures oder echten Aktien zu machen, welche selbst einen Marktspread haben, ist diese Gebühr auch wirklich notwendig. Der große Gewinn wird jedoch mit der Finanzierungsgebühr gemacht. Diese liegt in der Regel deutlich höher als die Marktkosten.

Gerät der Händler eines Zertifikates in Not, weil die Volatilität stark ansteigt, kann er den Spread des Zertifikates ausweiten.

Diese Freiheit gibt ihm das Verkaufsprospekt.

Eine Ausweitung des Spreads geht meist sofort zu Lasten des Kunden, denn ein gesenkter Geldkurs schmälert den Verkaufsgewinn.

Da enge Spreads jedoch ein Qualitätsmerkmal eines Emittenten sind, wird er jedoch kein Interesse daran haben, eine weite Geld-/Briefspanne lange aufrechtzuerhalten.

Aufgeld

Errechnen Sie die Differenz zwischen Kurs des Basiswertes und Basispreis und bemerken Sie, dass der Zertifikatskurs höher ist, dann liegt hier ein Aufgeld vor, also eine Extragebühr.

Sie kann die Finanzierungskosten beinhalten, wenn das Zertifikat eine feste Laufzeit hat. Es ist aber auch möglich, dass hier ein Risikoaufschlag genommen wird. Ein unlimitiert laufendes Zertifikat, welches die Finanzierungskosten mit sich anpassenden Basispreisen regelt, kann somit trotzdem ein Aufgeld haben.

Das Risikoaufgeld wird dann benötigt, wenn ein Emittent befürchtet, beim Berühren der KO-Schwelle sein Sicherungsgeschäft nicht schnell schließen zu können. Das Risiko ist bei Mini-Futures für ihn gering, bei standardmäßigen KO-Zertifikaten aber enorm. Erst recht, wenn der Basiswert nicht rund um die Uhr gehandelt wird, beispielsweise bei Aktien. Da weiß der Emittent, dass er die Auflösung der Sicherung nicht ohne Probleme hinbekommen wird, deshalb preist er es in das Aufgeld mit ein.

Verkaufen Sie ein Zertifikat, bekommen Sie das eingepreiste Aufgeld erstattet. Berührt das KO-Zertifikat die KO-Schwelle, haben Sie das vollbezahlte Aufgeld verloren.

Dass sich ein Emittent freut, wenn sein Kunde mit einem Zertifikat k. o. geht, ist vom Aufsatz des Produktes nicht geplant.

Wird aber ein Zertifikat frisch mit dem vollen Aufgeld emittiert und geht 2 Tage später k. o., so lässt sich kaum wegargumentieren, dass der Emittent das komplette Aufgeld für sich verdient hat.

Das Aufgeld kann variabel gestaltet sein und sich somit während der Laufzeit ändern. Die Finanzierungskosten sollten sinken, je näher das Laufzeitende rückt. Das Risikoaufgeld ist abhängig von der Volatilität. Steigt diese, geht das Aufgeld nach oben. Halten Sie zu dieser Zeit schon das Zertifikat, profitieren Sie davon, wenn Sie es verkaufen. Der Emittent kann aber bei Volatilität auch auf die Ausweitung des Spreads zurückgreifen. Davon profitieren Sie dann nicht.

Es kann auch ein Abgeld (Disagio) geben. Wenn die Finanzierungskosten negativ sind, was bei Short-Zertifikaten der Fall ist (Aktien werden verkauft und der Erlös auf die Bank gelegt), kann das Zertifikat weniger als der innere Wert kosten. Verkaufen Sie das Zertifikat, bekommen Sie entsprechend auch den geringeren Wert erstattet.

Erreicht ein Aufgeld oder ein Abgeld eine Höhe, die weder mit Glattstellungsrisiko oder Finanzierungskosten erklärbar ist, so kann es an Dividendenzahlungen während der Laufzeit liegen. Für Long-Investoren in Hebelzertifikate sind Dividendenzahlungen (die den Kurs des Basiswertes in der Regel mindern) nachteilig, für Short-Investoren ist der zu erwartende Dividendenabschlag grundsätzlich gut. Damit niemand benachteiligt oder übervorteilt wird, ist die erwartete Dividende im Aufgeld oder Abgeld eingepreist. Wohlgemerkt die zu erwartende Dividende. Eine unerwartet andere Dividende kann zu einer schlagartigen Kursänderung beim Zertifikat führen, auch im Vorfeld des Dividendenzahltages.

KO-Zeiten

Spread und Aufgeld sind neben den Marktgegebenheiten und der Laufzeit auch von einer weiteren Komponente abhängig.

Die Zeit, in der ein Zertifikat einen Knock-out erleiden kann, kann teilweise noch viel mehr Einfluss haben. Es gibt eine bunte Namensvielfalt für KO-Zertifikate: Unlimited, Wave, Turbo, Turbo Bull, Open End. Meistens hat der Name etwas mit der Laufzeit oder der Tatsache zu tun, dass es einen Stopp-Loss gibt (zum Beispiel Minis).

Finden Sie im Namen ein großes X oder XL im Zusammenhang mit dem DAX, so kann der Schein zu Zeiten ausknocken, in denen der Index gar nicht offiziell handelt.

Der DAX ist ein Aktienindex, der die Wertentwicklung der ungefähr 40 größten Aktienunternehmen in Deutschland abbildet. Ungefähr deshalb, weil die Zusammensetzung auch von einer gewissen Branchenstreuung abhängt.

Die Indexwerte werden in der Regel zwischen 9.00-17.30 Uhr liquide an der Leitbörse Xetra gehandelt. In dieser Zeit notiert auch der DAX mit offiziellen Kursen. Der Emittent hat in dieser Zeit die größte Sicherheit, seine Sicherungsgeschäfte einzugehen oder aufzulösen. Eine Ausnahme könnten größere Marktverwerfungen sein, für diesen Fall hält der Emittent sich die Option offen, den Spread zu erhöhen.

Nach 17.30 Uhr wird der DAX nur noch indikativ in Form des sogenannten X-DAX berechnet. Es existieren zwar belastbare Kurse, doch die Liquidität ist ausgedünnt. Da der DAX mit anderen Indizes gut korreliert, die noch Handelszeit haben, beispielsweise die US-Indizes, kann der Emittent mit den Ersatzbasiswerten sein Risiko begrenzen.

Die Standardzeit, in der ein Zertifikat ausknocken kann, ist die Handelszeit des Basiswertes. Das ist jedoch unabhängig von der Handelszeit des Zertifikates, die kann länger sein. Passiert etwas außerhalb dieser Handelszeit, hat der Emittent ein Problem, wenn eigentlich die KO-Schwelle berührt wird.

Haben Sie ein Zertifikat, dass nur bis 17.30 Uhr ausknocken kann und die KO-Schwelle wird um 18.30 Uhr gerissen, so wird Ihr Zertifikat zunächst vom Pricing ausgesetzt. Sie werden es also nicht verkaufen können, solange es unter dem Basispreis notiert. Haben Sie ein Long-Zertifikat, muss sich der Emittent bei Erreichen der Schwelle durch eine Short-Position am Markt absichern, denn er darf Ihren Schein nicht wertlos stellen. Wenn der Markt um 20 Uhr wieder steigt, muss er das Sicherungsgeschäft wieder auflösen, denn er wird nicht gegen Sie wetten.

Am nächsten Morgen um 9 Uhr wird Ihr Zertifikat weiterleben, falls sich der Markt bis dahin erholt hat (dann haben Sie Glück gehabt), oder sofort wertlos verfallen, wenn sich der Markt unter oder an der KO-Schwelle befindet.

Das Unterschreiten der KO-Schwelle außerhalb der KO-Zeiten ist für den Emittenten ein teures Problem, deshalb wird er dieses

Risiko in Form eines erhöhten Aufgeldes an den Kunden weiterreichen müssen. Wenn das Zertifikat so gestaltet ist, dass es auch nach 17.30 Uhr ausknocken kann, wird es ein geringeres Aufgeld haben und für Sie billiger.

Planen Sie nur innerhalb der Zeiten von 9.00-17.30 Uhr Ihr Zertifikat zu halten, es also nicht über Nacht laufen zu lassen, sollten Sie immer einen Schein nehmen, der rund um die Uhr ausknocken kann. Er ist definitiv billiger und wenn Sie Ihre Positionen bis 17.30 Uhr immer geschlossen haben, ziehen Sie nur Vorteile daraus.

Praxiswissen

Ich habe Sie jetzt bis hierhin mit dem nötigen Wissen ausgerüstet, dass Sie sich alle weiteren Sonderfälle herleiten können. Dafür müssen Sie immer daran denken, dass sich ein Emittent sichern muss, mit diesem Denkansatz lässt sich das Zertifikate-Geschäft plausibel erklären.

Bevor Sie aber zu lange bei einzelnen Themen grübeln, habe ich zu klassischen Fragestellungen aus der Praxis noch weitere Hinweise, gebe aber zu bedenken, dass jeder Emittent diese besonderen Marktgegebenheiten anders handhaben kann.

Der Basiswert notiert nicht in Euro

Hier muss der innere Wert zuzüglich Aufgeld in Euro umgerechnet werden. Sie können die Zertifikate nicht in Dollar kaufen. Bei der Umrechnung des Kurses in Dollar sind Sie auf die Fairness des Emittenten angewiesen, was die Notierung des Wechselkurses betrifft. Da die Höhe des Aufgeldes nie so richtig klar ist – Sie den Kurs des Zertifikates in Fremdwährung also nicht wissen –

können Sie den Eurokurs des Zertifikates schwer prüfen.

Noch wichtiger ist aber, dass Währungskurse und Basiswertkurse korrelieren können, sie laufen unter Umständen in ihrer Entwicklung entgegengesetzt. Das lässt sich am besten am Gold erklären. Gold notiert in Dollar. Wird der Dollar zum Euro schwächer, also der Kurs EUR/USD steigt, so wird das Ihrem Zertifikat grundsätzlich nicht guttun. Die Emittenten, welche ihre Long-Position schließen und den Dollarerlös in Euro umrechnen müssen, bekommen wegen der Dollarschwäche nicht mehr so viele Euros.

Ein fallender Dollar wird jedoch den Goldkurs stützen. Gold ist ein Werterhaltungsmittel, wenn der Dollar fällt, muss entsprechend mehr für das Gold gezahlt werden (in Dollar). Mehr gezahlt werden heißt, dass der Goldpreis steigt. Wenn es also sonst keine kursbeeinflussenden Nachrichten für Gold gibt, gleicht sich der Umrechnungsnachteil für Ihr Zertifikat wieder aus.

Der Basiswert ist ein Future, welcher abläuft

Der Klassiker unter den Problemstellungen sind auslaufende Rohstoff-Futures, aber auch Futures auf Staatsanleihen. Der Folge-Future notiert hier in der Regel in einer ganz anderen Höhe als der auslaufende Future. Der Emittent muss beim Sicherungsgeschäft den Future rollen, also den alten schließen und den neuen Future öffnen, in derselben Sekunde.

Der Emittent hat bei der Rolle weder einen Erlös noch Kosten (Transaktionskosten lasse ich hier außen vor), denn Futures sind Differenzgeschäfte (wie CFDs). Die Geschichte vom Rollverlust, wie sie im Netz und selbst in Zeitungen teilweise erzählt wird, ist übrigens ein Märchen. Der Verlust entsteht nicht durch das Rollen. Weil der gehaltene Future sich zum Laufzeitende hin dem Kassamarkt nähert, kann ein Verlust entstehen. Hätten wir einen 10 Jahre laufenden und nicht verlängerbaren Future, würde dieser Verlust auch entstehen, obwohl er nie gerollt würde. Wir müssen rollen, weil der Future eine Endlaufzeit hat. Die näherkommende Endlaufzeit verursacht meinen Verlust. Deshalb ist der Begriff Rolleffekt richtiger, Rollverlust aber falsch.

Zurück zu unserem KO-Zertifikat. Wenn der neue Future zwei Prozent höher oder tiefer steht, könnte je nach Positionierung (Long oder Short) beim Rollen sofort das KO-Ereignis ausgelöst werden. Damit das nicht passiert, wird die KO-Schwelle mit dem Rollvorgang sofort an den neuen Future angepasst, ohne dass es einen Vor- oder Nachteil für den Kunden bringt (erst recht erleidet er keinen Rollverlust). Auf Finanzseiten können Sie idealerweise sehen, auf welchen Future sich das Zertifikat im Augenblick bezieht.

Das Zertifikat wurde gekündigt

Ein Hebelzertifikat ist nicht für das ewige Leben konstruiert. Nehmen wir an, Sie hätten ein Zertifikat mit unendlicher Laufzeit und es steigt unaufhaltsam. Sie werden von den Finanzierungskosten in Form von stetig sich gegen Sie verändernden KO-Schwellen verfolgt und je höher der Zertifikate-Preis steigt, desto geringer wird der Hebel. Immer weiter steigende Basispreise erhöhen die Finanzierungskosten sogar mit Zinseszinseffekt. Wenn Sie jahrelang ein Zertifikat halten und der Emittent geht irgendwann doch insolvent, dann ist Ihr Geld weg – egal wie viel Ihr Zertifikat bis zu diesem Zeitpunkt verdient hat.

Die meisten emittierten Hebelzertifikate haben keinen Kunden, weil der Basiswert nicht in Mode ist oder die KO-Schwellen niemandem passten. Vielleicht waren Kunden investiert und haben mittlerweile ihre Position verkauft. Dann wird der Emittent die Produkte, die „unsexy" sind, wieder aus dem Angebot nehmen und das Delisting bei den Zertifikate-Börsen beantragen.

Produkte, in denen Kunden investiert sind, die Emittenten aber aus unterschiedlichen Gründen nicht mehr passen, können in der Regel einmal im Jahr gekündigt werden, manchmal auch täglich. Dann wird an einem Stichtag der innere Wert berechnet und ausgezahlt.

Das Zertifikat ist ein Währungspaar

Bei Währungspaaren ist die Welt so verrückt, dass ein Nachvollziehen des Zertifikatspreises selbst nach Studium der Verkaufsprospekte kaum möglich ist.

Was ich meine: Wenn Sie ein Währungspaar X/Y haben, nehmen Sie die aktuelle Notierung, errechnen die Differenz zum Basispreis und multiplizieren das mit dem Bezugsverhältnis (welches in der Regel 100 ist). Wenn Sie das gemacht haben, haben Sie eine Summe in der Referenzwährung, welches das Y ist, also die rechte Seite des Währungspaares. Diese muss durch die Notierung EUR/Referenzwährung geteilt werden – so weit, so gut und kompliziert.

Wirtschaftlich haben wir hier die Kreditaufnahme in einer Währung und Bankeinlage in einer anderen. Im Falle von großen Zinsdifferenzen kann es hier ein gehöriges Auf- oder Abgeld geben. An diesem Punkt wird es sehr schwer, den Zertifikatspreis nachzuvollziehen. Wenn in Ihrem Währungspaar der EUR nicht vorhanden ist, so wie bei GBP/USD oder AUD/GBP, haben Sie drei Einflusskomponenten und zwei Wechselkurse. Im schlimmsten

Fall korrelieren sie so ungünstig miteinander, dass Sie gar keinen Gewinn mit dem Produkt machen können. Wegen dieser Gefahr sind Produkte ohne Eurobeteiligung im Währungspaar kaum im Zertifikate-Angebot der Emittenten zu finden.

Was ist mit Faktor-Zertifikaten?

Wenn ich über das Einmaleins der Hebelzertifikate schreibe, müsste ich zwangsläufig auch auf Faktor-Zertifikate, manchmal auch Rolling-Turbo genannt, eingehen. Es ist ein Zertifikat mit stets gleichbleibendem Hebel, was auf den ersten Blick lukrativ klingt. Dafür passt der Emittent jeden Abend den Basispreis an. Läuft der Basiswert innerhalb eines Tages stark gegen das Zertifikat, so muss der Basispreis während des Tages angepasst werden, denn negativ darf der Zertifikate-Preis nicht werden.

Ich möchte dieses Produkt gar nicht zu stark vertiefen, wenn Sie den Kursverlauf so eines Zertifikats über mehrere Monate anschauen, sehen Sie in der Regel heftigste Verluste, welche ich Ihnen schnell erklären kann.

Die Ursache ist einfache Börsenmathematik, ein Basiswert, der um 50 Prozent fällt, braucht einen 100-Prozent-Gewinn, um wieder seinen Ausgangswert zu erreichen. Ein Basiswert, der um 100 Prozent steigt, gibt seinen Gewinn komplett wieder ab, wenn er um 50 Prozent fällt.

Die folgende Tabelle zeigt, dass ein Verlust umso schwerer wieder aufzuholen ist, je größer er einmal prozentual ist:

Verlust	Nötige Erholung
10%	11%
20%	25%
30%	43%
40%	67%
50%	100%
60%	150%
70%	233%
80%	400%
90%	900%

Abbildung 1: Der lange Weg zurück

Wenn ein Aktienindex um 3 oder 4 Prozent fällt, spricht noch keiner vom Crash, für ein Faktorzertifikat, das teilweise 12-fach gehebelt ist, ist das jedoch dramatisch. Ist der Hebel bei 4, dann lebt das Zertifikat häufig länger, aber in einem Bärenmarkt häuft es so starke Verluste an, dass es den Weg in den grünen Bereich später nicht mehr zurückfindet.

Das Faktor-Zertifikat kann maximal sinnvoll sein für Trader, die es einen Tag und nicht über Nacht (wenn der Basiswert angepasst wird) halten. Die eintägige Haltedauer ist nicht nur meine Meinung, das ist auch die Ansicht der BaFin und muss in Verkaufsdokumenten hinterlegt sein.

Ein Day-Trader wird jedoch aus Kostengründen nie ein Faktor-zertifikat wählen. Entweder er nutzt CFDs (alternativ Futures), da die Transaktionskosten dort in der Regel am niedrigsten sind, oder er handelt Knock-out-Zertifikate, weil es für seinen gewünschten Basiswert keine anderen Produkte gibt.

Wir sind nun am Ende der Delta-1-Produkte angelangt und gehen im nächsten Kapitel auf die Derivate ein, für die zumindest während ihrer Laufzeit die Volatilität eine wesentliche Rolle spielen kann. Vorher möchte ich die KO-Zertifikate mit den CFDs bezüglich ihrer Vor- und Nachteile vergleichen.

Vergleich CFDs mit Knock-out-Zertifikaten

Ich bin die Finanzprodukte durchgegangen, die von der Volatilität weitestgehend unabhängig sind und für die Umsetzung von vielen Trading-Strategien infrage kommen. Echte Futures sind aufgrund ihrer Nachschusspflicht und ihrem hohen Mindesteinsatz nur für bereits professionell agierende Anleger geeignet, die auch eine entsprechende Depotgröße vorweisen können.

KO-Zertifikate und CFDs haben einiges gemeinsam, diese Punkte möchte ich als Zusammenfassung als Erstes aufführen.

Gemeinsamkeiten

- Beide Produkte haben ein Emittenten-Risiko und können zum Totalverlust allein dadurch führen, weil der Herausgeber insolvent ist.

- Beides sind Hebelprodukte, neben den hohen Gewinnchancen gibt es auch hohe Verlustrisiken.

- Long- und Short-Strategien lassen sich in der Regel mit beiden Produkten gleich gut durchführen.

- Die Finanzierungskosten, welche der Emittent an den Kunden weitergibt, machen eine längerfristige Investition in beide Produkte nicht sinnvoll. Das Halten der Positionen ist von wenigen Sekunden bis wenigen Tagen sinnvoll.

- <u>Fazit:</u> Um erfolgreich zu sein, braucht man bei beiden Produkten die richtige Marktmeinung. Es gibt Strategien, bei denen man diese nicht zwingend braucht, dafür benötigt man jedoch andere Finanzprodukte.

Die Unterschiede habe ich in mehrere Kategorien eingeteilt.

Unterschiede – Kosten

- Die Transaktionskosten (Gebühren für Kauf und Verkauf) sind bei CFDs in der Regel deutlich günstiger. Zertifikate können Sie über die Börse oder im direkten Handel kaufen, da wird Ihr Depotanbieter eine Gebühr nehmen, die nur dann wegfällt, wenn der Anbieter mit einem Emittenten eine besondere Werbeaktion hat.

- Das Aufgeld gibt es bei CFDs nicht, die Gründe, warum Zertifikate eins brauchen, fallen bei CFDs technisch weg.

- <u>Fazit:</u> Hier liegen CFDs vorn.

Unterschiede – Nachschusspflicht

- Beim Kauf eines Zertifikates können Sie maximal den Kaufpreis verlieren. Kaufen Sie ein CFD, können Sie alles verlieren, was Sie auf dem CFD-Konto haben.

- <u>Fazit:</u> Hier liegen KO-Zertifikate ganz klar vorn.

Unterschiede – verfügbare Basiswerte

- Ein Derivat auf einen Basiswert zu konstruieren, ist für einen Emittenten mittels KO-Schein einfacher. Alles, was der Basiswert an unangenehmen Überraschungen mit sich bringen kann, kann in ein Aufgeld fließen. Beim CFD muss der Markt für den Basiswert 100 Prozent zuverlässig sein, damit das Geschäftsmodell funktioniert. Deshalb wird die Vielfalt an Basiswerten bei KO-Zertifikaten höher sein.

- Einen KO-Schein stört es nicht, wenn es ihn nur in der Long-Variante gibt. Das kann passieren, wenn mangels Leihemarkt Short-Positionen nicht absicherbar sind. Für CFDs muss die Short-Position möglich sein.

- <u>Fazit:</u> Hier liegen KO-Zertifikate vorne, doch ist der Punkt für 90 Prozent der Trader, welche meistens Indizes handeln, irrelevant.

Unterschiede – Marktstörungen

- Das Zertifikat kann seine Spreads ausweiten, die CFDs können das auch. Das Aussetzen vom Pricing ist für Zertifikate problemlos möglich, bei CFDs würde eine Welt zusammenbrechen.

- <u>Fazit:</u> Bei beiden Produkten hat der Kunde in diesen Fällen ein Problem. Er kommt nicht aus dem Produkt, maximal mit großen Verlusten.

Unterschiede – Emittenten-Risiko

- Insolvent kann der CFD-Anbieter genauso wie der Zertifikate-Emittent gehen. Das Risiko ist beim Emittenten allerdings transparenter, weil es sich hierbei sogar um Ihre Hausbank handeln kann. Für Zertifikate-Emittenten gibt es Ratings, die öffentlich einsehbar sind und in der Regel schlechte Presseberichte, bevor es wirklich zum Ausfall kommt. Bei Lehmann Brothers gab es das im Übrigen im Jahr 2008 auch. Trotzdem glaubte keiner an den Ausfall, weil niemand sich vorstellen konnte, dass die Bank nicht vom Staat gerettet werden würde. Da es anders kam, ist dieser Irrglaube vom Tisch.

- Der CFD-Anbieter birgt das zusätzliche Risiko, dass operativ Auszahlungen nicht funktionieren, oder eine Marktstörung für massenhaft hohe Verluste bei seinen Nutzern gesorgt hat, die nicht durch das Kontoguthaben gedeckt werden können.

- <u>Fazit:</u> Hier ist der Zertifikate-Emittent besser.

Unterschiede – Umsetzung von Handelsstrategien

- Die Stopp-Marke oder den Einstiegszeitpunkt selbst festlegen, den Hebel bestimmen und diesen konstant zu behalten – das geht nur mit CFDs.

- Bei KO-Scheinen muss im Internet der passende Schein umständlich gesucht werden und häufig wird er nicht gefunden.

- <u>Fazit:</u> Klarer Pluspunkt für die CFDs.

Gesamtfazit:

- Wer kein großes Konto hat und mit kleineren Summen spekulieren möchte, kommt an CFDs kaum vorbei. Für Strategien, die nur auf sehr kurze Haltedauer ausgelegt sind, also Minuten oder Sekunden, gilt das auch.

- Bei höheren Spekulationssummen überholt der KO-Schein die CFDs mit seinen spezifischen Vorteilen.

- Es ist möglich, dass es für bestimmte Basiswerte nur KO-Zertifikate gibt. Dann brauchen Sie sich keine Gedanken zu machen, was besser ist.

Wir sind nun am Ende der Delta-1-Produkte angelangt und gehen im nächsten Kapitel auf die Derivate ein, für die zumindest während ihrer Laufzeit die Volatilität eine wesentliche Rolle spielen kann.

Wichtig: Sollten Sie jetzt mit dem Handel loslegen, weil Sie ungern Bücher komplett lesen und Sie die anderen Kapitel nicht interessieren: Wenn Sie das Kapitel Risiko- und Money-Management nicht vorher lesen, wird Ihr Geld in kürzester Zeit weg sein. Überspringen Sie diesen Punkt bitte nicht.

Derivate mit Volatilität

Ich bin im Grundlagenkapitel auf die Optionen bei den institutionellen Anlegern eingegangen. Wir werden uns in diesem Kapitel anschauen, wie Privatanleger viele Options-Strategien mit verbrieften Produkten verfolgen können und das ohne unendliches Verlustrisiko.

Dazu sind klassische Optionsscheine als berühmte Vertreter von Hebelprodukten für Privatanleger und Discount-Optionsscheine als eher unbekannte, aber in meinen Augen sehr attraktive Produkte, nötig.

Optionsscheine

Waren die Optionsscheine der Grund für den Kauf dieses Buches? Als ich 1997 angefangen habe, mich für Börse zu interessieren, haben diese Produkte schnell meine Aufmerksamkeit bekommen. Ich hatte keine Ahnung, wie die Preisbildung während der Laufzeit funktionierte, doch die Abrechnung am Laufzeitende war mir transparent. Ich war fasziniert, wie viel Hebelkraft in diesen Produkten steckte, wie sich 10-Cent-Papiere innerhalb eines Tages verdoppelten und was für Gewinne am Laufzeitende möglich waren. Damals dachte ich schon, dass es doch möglich sein müsste, fünf verschiedene Scheine zu kaufen, vier verfallen wahrscheinlich, aber der fünfte Optionsschein fährt einen großen Gesamtgewinn ein.

Diese Strategie ist gar nicht so abwegig, doch trifft sie auf ein börsenpsychologisches Problem. Man muss häufig eine sehr lange verlustreiche Strecke gehen, bis so eine Strategie aufgeht, und das hält kaum jemand aus. Das menschliche Investmentgehirn mag einfach keine Verluste.

Fondsmanager haben damit auch ein Problem. Setzen sie auf unvorhergesehene Ereignisse mit Optionen und lässt der Erfolg ein paar Jahre auf sich warten, so geht der Fonds-Chart lange von links oben nach rechts unten. Kein Mensch kauft so einen Fonds und der Vertrieb wird es nicht wagen, einem Kunden so einen Fonds zu präsentieren.

Die Folge ist, dass der Manager eher die gegenteilige Strategie fährt. Er setzt darauf, dass ein unvorhergesehenes Ereignis nicht eintritt. Dann geht der Chart des Fonds von links unten nach rechts oben, egal wie die Märkte sich gerade bewegen und das Produkt verkauft sich wie warme Semmeln. Das Ganze geht vielleicht ein paar Jahre gut, Vertrieb und Manager verdienen eine Menge Geld, auch die Kunden erstmal, und dann kracht es. Der Film „The Big Short" lässt grüßen.

Ich schreibe darüber, weil der Handel mit Optionen und Optionsscheinen ein Spiel mit den Wahrscheinlichkeiten ist. Die Existenz einer Option auf ein unvorhergesehenes Ereignis ergibt nur dann Sinn, wenn das Unvorhersehbare doch hin und wieder eintritt. So wie ein größerer Spielcasino-Gewinn oder der Rauswurf des FC Bayern München aus dem DFB-Pokal durch einen Drittligisten.

Unterschied Optionen und Optionsscheine

Die Optionen werden an einer Derivatebörse von einem unbekannten Dritten gekauft oder Sie verkaufen selbst Optionen an Unbekannte. Die Börse sorgt mit Sicherungsmechanismen wie der Hinterlegung von Sicherheiten dafür, dass jeder Käufer oder Verkäufer am Ende zu seinem Geld kommt und nicht auf die Solvenz einzelner Marktteilnehmer angewiesen ist.

Optionsscheine werden von einem Emittenten ausgegeben und sind wie Zertifikate und damit als Inhaberschuldverschreibungen zu sehen. Das heißt, Sie bekommen am Ende nur eine Auszahlung, wenn der Optionsschein werthaltig und der Emittent nicht insolvent ist.

Wenn Sie selbst Optionen verkaufen, kann Ihr Verlustrisiko im Falle von Calls unbegrenzt sein, aber auch verkaufte Puts können sehr teuer werden.

Optionsscheine können Sie nicht selbst emittieren, Sie können diese nur vom Emittenten kaufen. Damit können Sie nur das verlieren, was Sie für die Scheine bezahlt haben. Sie können mit Optionsscheinen somit maximal einen Totalverlust erleiden, was häufig schon bitter genug ist.

Mit einer Option können Sie in der Regel 100 Aktien erwerben. Bei Optionsscheinen ist das Bezugsrecht meistens so gestaltet, dass Sie mehrere Scheine brauchen, um eine Aktie ausüben zu können. Das zielt auf die Bedürfnisse von Privatanleger ab, deren Bereitschaft, 500 Euro für einen einzelnen Optionsschein zu bezahlen, eher gering ist. Somit wird das Bezugsverhältnis gedreht, sodass die Scheine eher 5 Euro oder deutlich weniger kosten. Die Ausübung ist meist nicht im Interesse des Privatanlegers, er müsste bei Calls den Basiswert auch bezahlen und erstmal das Geld bereitstellen. Der Barausgleich ist deshalb bei Optionsscheinen Standard.

Der Erwerb vom Emittenten kann direkt mittels Ihrer depotführenden Bank geschehen oder indirekt über eine Zertifikate-Börse. An der Börse stellt der Emittent Preise und sich als Gegenpartei fortlaufend zur Verfügung, sodass Sie höchstwahrscheinlich vom Emittenten kaufen werden, auch wenn Sie an der Börse eine Order aufgegeben haben. Grundsätzlich können Sie auch von einem anderen Privatanleger den Schein an der Börse kaufen, der seinen zufällig abgeben möchte. Das Risiko gegenüber dem Optionsschein-Emittenten bleibt trotzdem unverändert bestehen.

Preisbildung

Ich setze an der Stelle für das Verständnis voraus, dass Sie der Abschnitt „Optionen" im Kapitel Derivategrundlagen gelesen haben. Am Ende der Laufzeit ist bei einem Optionsschein alles einfach. Ein Optionsschein besteht aus Basiswert, Laufzeit sowie Strike und kann ein Call oder Put sein.

Am Laufzeitende wird bei Calls der Strike vom Basiswert abgezogen und das Bezugsverhältnis einkalkuliert. Das ist der Wert und die Auszahlung für den Optionsschein. Dieser Wert wird innerer Wert genannt. Ist die Differenz aus Basiswert minus Strike kleiner als Null, so verfällt der Schein wertlos, es gibt keinen inneren Wert.

Bei Puts wird der Basiswert vom Strike abgezogen. Das Ergebnis ist auch hier ein innerer Wert. Ist dieser kleiner als Null, so verfällt der Schein wertlos. Ist er größer als Null, brauchen wir wieder das Bezugsverhältnis und können den Betrag als Auszahlung erwarten.

Die große Wissenschaft ist die Preisbildung während der Laufzeit. Dafür gibt es Formeln, an denen sich die Marktteilnehmer orientieren. Damit werde ich Sie nicht quälen, mein Buch ist kein Vorlesungsbegleiter für Finanzmathematik. Selbst wenn es das wäre, stünde man in der Praxis vor dem Problem, dass die Parameter der Formel nicht vorgegeben würden. In der Realität sind die Parameter, wie Marktzins, zukünftige Dividenden oder Volatilität, nicht so leicht zu ermitteln wie Restlaufzeit, Preis des Strikes oder Kurs des Basiswertes. Sie sehen, da stecken viele Komponenten in der Formel. Wer sich damit beschäftigen möchte, kann gerne die Black-Scholes-Formel im Internet suchen, aber am Markt stellt sich niemand hin und rechnet damit, bevor er Optionen oder Optionsscheine kauft.

Märkte sind meistens effizient, sie preisen in die Optionen – und damit auch in ihrem Abbild, den Optionsscheinen – alles ein, was es so gibt und relevant sein könnte.

Ich nähere mich der Erklärung bezüglich der Preisbildung anders.

Eine Wette

Wir stellen uns einfach vor, dass wir eine Wette mit einem Kollegen abschließen wollen. Wir wetten, dass in 12 Monaten ein Aktienindex, der heute bei 10.000 Punkten steht, mindestens 1000 Punkte höher ist. Für jeden Punkt, den der Index über 11.000 Punkten in 12 Monaten notiert, bekommen wir von unserem Wettpartner einen Euro. Steht der Index bei 12.000 Punkten, so bekommen wir 1000 Euro.

Der Einsatz

Was könnte mein Kollege als Einsatz verlangen, damit er die Wette eingeht und für das Risiko adäquat belohnt wird?

Nehmen wir an, der Kollege hat keine Glaskugel, die ihm sichere Marktprognosen ermöglicht und geht davon aus, dass der Index durchaus steigen kann.

Die Wahrscheinlichkeit, über 11.000 Punkte zu gelangen, oder gar deutlich darüber, was richtig teuer werden kann, hängt im Wesentlichen von zwei Faktoren ab:

1. Wo steht der Markt jetzt? Bei 10.000 Punkten, also 1.000 Punkte Abstand, was ein Puffer von 10 Prozent bedeutet.

2. Wie lange läuft die Wette noch? 12 Monate können eine unendlich lange Zeit sein, wenn man Stillhalter ist.

3. Wie hoch ist die Wahrscheinlichkeit, dass der Index sich mehr als 1.000 Punkte innerhalb von 12 Monaten bewegt? Das ist nichts anderes, als implizite Volatilität. Wegen dieses Punktes habe ich das Einsteigerkapitel über die Volatilität geschrieben, er ist bei der Bepreisung von Volatilitätsderivaten meistens der wichtigste Einflussfaktor.

Ich kann Ihnen gar nicht sagen, ob 50, 150, oder 500 Euro der fairste Preis für die Option wäre. Der Kollege wird in seinem Kopf die drei Faktoren durchgehen und einen Preis nennen, der ihm die Wette und das Risiko wert ist. Umgekehrt wird der Wettende sich fragen, ob der Einsatz, den er zahlen wird, es wert ist.

Der Zeitverlauf

Gehen wir davon aus, die Kollegen haben sich auf 500 Euro geeinigt, dieser Betrag ist übertragen auf den Optionsmarkt die Optionsprämie. Lässt sich diese Wette vielleicht während der Laufzeit wieder auflösen oder verkaufen?

Wir können die zwei Faktoren sechs Monate nach Abschluss der Wette erneut bemühen. Der Markt steht vielleicht bei 8.000 Punkten, weil es einen Crash gab. Die Wette ist vermutlich kaum noch etwas wert.

Eventuell standen wir vor Kurzem aber noch bei 7.000 Punkten und wir haben Indexbewegungen von 1.500 Punkten innerhalb der letzten vier Wochen gesehen. Die Volatilität ist somit so stark gestiegen, dass innerhalb von sechs Monaten ein Anstieg um 3.000 Punkte durchaus möglich ist.

Somit steht die Prämie vielleicht immer noch bei 500 Euro.

Was ist, wenn die Wette im Geld ist, der Index also über 11.000 Punkte steht und noch vier Wochen Zeit sind?

Die Wette hat einen inneren Wert

Ein Optionsschein hat zwei Komponenten. Der innere Wert, welchen wir mehrfach schon behandelt haben, und einen **Zeitwert**. Der Zeitwert ist ein monetärer Ausdruck für das Risiko oder die Chance, welches die Option besitzt.

Steht bei unserer Wette der Index bei 10.500 Punkten, so gibt es nur einen Zeitwert, sofern noch etwas Restlaufzeit da ist.

Steht der Index bei 11.500 Punkten, so ist der innere Wert bei 500 Euro, deshalb kann die Wette nicht weniger als diesen Betrag wert sein. Wie hoch der Zeitwert ist, hängt an Restlaufzeit und Volatilität. Bei Optionsscheinen ist der Zeitwert auch abhängig von den Gebühren des Emittenten, diese können dort mit eingearbeitet werden. Der Zeitwert wird auch Aufgeld genannt.

Zusammenfassung

Ich habe mit einer Wette folgenden Call-Optionsschein beschrieben:

„Index x/y C1100" mit einem Euro pro Indexpunkt, wobei Index mein Basiswert und x/y das Laufzeitende ist.

Hätte ich einen Put-Optionsschein genommen, also „Index x/y P9000", wäre meine Erklärung nicht viel anders gewesen.

Hier hätten wir versucht zu schätzen, wie hoch die Wahrscheinlichkeit ist, dass der Markt unter 9000 Punkte fällt. Die Musik hätte auch hier die Volatilität (bezogen auf die Restlaufzeit) und der aktuelle Indexstand gespielt.

Die Auswirkungen der preisbildenden Faktoren nennt man Sensitivitäten und diese sind mein nächstes Thema.

Die Griechen

Optionen und Optionsscheine sind untrennbar mit mathematischen Parametern verbunden, die mit griechischen Buchstaben ausgedrückt werden: Delta, Gamma, Theta, Vega, Rho, Lambda, Vomma oder Omega. Die griechischen Buchstaben drücken Risiko-Kennzahlen oder Sensitivitäten aus, beantworten also die Frage: Was passiert mit dem Optionspreis, wenn sich bestimmte Parameter am Markt ändern? Die Parameter können beispielsweise folgende Dinge sein: Änderung des Preises des Basiswertes, der Volatilität, der Restlaufzeit oder des Marktzinses.

Die Kennzahlen hat ein Optionshändler im Blut und nutzt diese, um sein Portfolio gegen Marktereignisse abzusichern. Wir betrachten im Folgenden die wichtigsten Griechen für den Privatanleger.

Wenn Sie sich auf einem Finanzportal einen Optionsschein betrachten, werden Sie vielleicht einige Griechen angezeigt bekommen. Ich selbst habe noch nie einen Optionsschein gekauft, ohne die Griechen vorher zu prüfen. In vielen Fällen haben mir die Griechen bei der Einschätzung geholfen, ob das Produkt überhaupt das Richtige für meine Trading-Idee ist. Es kam nicht selten vor, dass ich den Erwerb gelassen und das Produkt gewechselt habe, beispielsweise zugunsten von Discount-Optionsscheinen oder Knock-out-Zertifikaten.

Manchmal kam es aber auch vor, dass ich die Laufzeit oder den Strike geändert habe.

Delta

Was Delta-1 ist, haben wir in diesem Buch schon behandelt. Zur Erinnerung: Wenn mein Basiswert um eine Einheit steigt (beispielsweise ein Euro), steigt mein Derivat auch um eine Einheit (beispielsweise auch ein Euro, beim Bezugsverhältnis 1:1).

Bei Call-Optionsscheinen kann das Delta zwischen null und eins liegen, bei Puts zwischen null und minus eins. Es drückt auch hier aus, wie der Optionsscheinpreis sich ändert, wenn der Aktienkurs steigt oder fällt.

Beispiel: Delta eines Call-Optionsscheines ist 0,7. Bezugsverhältnis 1:1. Steigt der Basiswert um 1 Euro, so steigt der Kurs des Optionsscheines um 70 Cent.

Beispiel: Delta eines Put-Optionsscheines ist -0,2. Bezugsverhältnis 1:10. Steigt der Basiswert um 1 Euro, so fällt (!) der Kurs des Optionsscheines um 2 Cent (bei Bezugsverhältnis 1:1 wären es 20 Cent). Dass der Optionsschein fällt, sollte naheliegend sein, denn Puts geht es bei steigenden Basiswerten in der Regel nie gut.

Theoretisch könnte der Put trotzdem steigen und ich habe so etwas auch schon erlebt. Die mathematische Wirkungsweise von Delta setzt voraus, dass sich sonst keine Parameter ändern.

Folgende Regeln gelten:

Ein Call, der tief im Geld (Basiswertkurs weit über dem Strike) ist, hat ein Delta von fast eins. Die eins genau kann es nur in der Sekunde des Verfalls geben.

Ein Put, der tief im Geld (Basiswert weit unter dem Strike) ist, hat ein Delta von fast eins.

Ein Call, der genau am Geld ist (Basiswert ist gleich Strike), hat ein Delta von 0,5.

Der Put am Geld hat ein Delta von -0,5.

Ein Call, der weit aus dem Geld (Basiswertkurs weit unter dem Strike) ist, hat ein Delta von fast null.

Ein Put, der weit aus dem Geld (Basiswert weit über dem Strike) ist, hat ein Delta von fast null.

Sie können die Hebelwirkung allein mit dem Delta nicht berechnen. Dazu müssten Sie noch Optionsscheinpreis und Basiswertpreis miteinander vergleichen. Die Hebelwirkung (wie viel steigt der Optionsschein, wenn der Basispreis um ein Prozent steigt) wird durch die Kennzahl **Omega** ausgedrückt.

Eine Faustformel können Sie jedoch mit Hilfe des Delta für eine andere wichtige Sache nutzen: Das Delta multipliziert mit 100 sagt Ihnen, mit welcher Wahrscheinlichkeit der Optionsschein am Ende der Laufzeit im Geld, also nicht wertlos, sein wird. Umgekehrt: Eins minus Delta mal 100 ergibt die Totalverlust-Wahrscheinlichkeit.

Das Delta hat seine größte Veränderungsgeschwindigkeit, wenn der Basiswert um den Strike pendelt, insbesondere, wenn nur noch wenig Restlaufzeit vorhanden ist. Wenige Bewegungen des Basiswertes können nun entscheidend dafür sein, ob ein Optionsschein wertlos verfällt oder sich ins Geld entwickelt. Das wiederum kann zu enormen Sprüngen im Optionsscheinpreis führen. Sollten Sie einen Schein kaufen, der kurz vor dem Verfall und am Strike ist, werden Sie mehr Nerven als beim Pokerspiel brauchen. Beim Pokern hat man vielleicht gute oder schlechte Karten und eine Tendenz, am Strike zum Laufzeitende ist jedoch alles offen.

Die Veränderungsgeschwindigkeit des Deltas wird mit **Gamma** ausgedrückt. Für professionelle Optionshändler sind die Optionen am Geld eine Herausforderung, Privatanleger sollten zumindest den Effekt kennen.

Theta

Je näher ein Optionsschein an den Verfallstag kommt, desto kostbarer wird der Faktor Zeit.

Nehmen wir an, wir fiebern bei einem Fußballspiel mit unserer

Mannschaft mit und sie liegt mit einem Tor hinten. In der 10. Spielminute mag das noch nicht so schlimm sein, doch wenn bereits die 75. Minute schlägt, werden Sie merken, wie schnell die Zeit vergeht. Sie scheint immer schneller zu vergehen.

Als Optionsschein-Inhaber liegen Sie immer 1:0 hinten, die Zeit läuft gegen Sie. Je näher der Verfall kommt, desto schneller läuft die Zeit. Das Theta sagt ihnen, was Ihr Optionsschein pro Tag nur an Zeitwert verliert, wenn sonst alle anderen Parameter gleichbleiben. Ist die Restlaufzeit noch lang, so ist der Zeitwertverlust pro Tag minimal. In den letzten Lebenstagen des Optionsscheines steigt er enorm an.

Theta, Omega und Delta sind die wichtigsten Griechen für den Optionsschein-Inhaber. Es gibt noch das **Vega**, welches die Veränderung des Optionspreises bei Veränderung der Volatilität ausdrückt und das **Rho**, was die Sensitivität gegenüber einer Marktzinsänderung beschreibt.

Aber viel spannender und relevanter für den Privatanleger ist die eingepreiste implizite Volatilität.

Einfluss der Volatilität

Nehmen wir an, wir kaufen einen Call und einen Put mit gleicher Laufzeit und gleichem Strike, wenn der Markt sich genau auf Strike-Höhe befindet. Wir haben gelernt, dass das Delta bei 0,5 (Call) beziehungsweise -0,5 (Put) ist und eine lukrative Hebelwirkung bei beiden Scheinen zu erwarten ist.

Dann müsste bei steigenden Märkten der Put wertlos werden und der Call den Verlust überkompensieren, sodass ein Gewinn übrigbleibt.

Fällt der Markt, so wird der Call wertlos und der Put rettet meine Performance.

Bewegt sich der Markt nicht, ist das wie die Null beim Roulette. Das kann passieren und niemand gewinnt, aber beim nächsten Versuch klappt es bestimmt und alles ist gut.

Kann das funktionieren? Der Zeitwertverfall wird an Put und Call nagen, der Effekt läuft gegen uns. Wenn die Restlaufzeit ein Jahr ist und der Basiswert sich normalerweise in diesem Zeitraum um 20 Prozent bewegt, weiß das der Markt und er wird es einpreisen. Hohe Volatilität macht die Optionsscheine am Geld, obwohl sie noch keinen inneren Wert haben, teuer.

Die erwartete Bewegung ist die implizite Volatilität. Damit meine Wette mit dem gleichzeitigen Kauf von Put und Call aufgeht, muss die realisierte Volatilität größer als die ursprünglich implizite Volatilität sein. Der Basiswert muss sich in einem Jahr um 30 Prozent statt wie erwartet um 20 Prozent verändert haben. Für diese Strategie gibt es einen Namen: Long Straddle.

Da das niemand vorhersagen kann, kaufen Strategen Calls und Puts nicht mit identischem Strike, sondern Kontrakte, die leicht aus dem Geld sind. Dann sind die Optionen günstiger und wenn allein die Volatilität so bleibt wie sie erwartet wurde, sind Gewinne möglich. Allerdings ist das Risiko größer, denn nun muss der Markt sich deutlicher vom Ausgangslevel wegbewegen und sollte partout nicht zum Laufzeitende in der Gegend landen, in der keiner der beiden Optionsscheine im Geld ist.

Jetzt kommen wir auf das Kapitel „Volatilität für Einsteiger" zurück. Dort habe ich aufgeführt, was implizite Volatilität ist, woran man sehen kann, ob diese gerade hoch oder niedrig ist und wie man sie auf den Tag genau herunterbricht.

Je länger die Restlaufzeit eines Optionsscheins ist, desto größer ist der Einfluss der Volatilität auf den Optionsscheinpreis.

Wie groß der Einfluss sein kann, möchte ich an einem Beispiel verdeutlichen, das ich selbst schon erlebt habe.

Ich hatte einen Kunden, der einen Call-Optionsschein auf Gold besaß. Der Schein lief noch sehr lange (vermutlich 2-3 Jahre) und war weit aus dem Geld. Gold stieg mehrere Tage hintereinander, hervorragend für einen Call, doch was machte der Schein – der Preis fiel! Was war passiert?

Wenn ein Produkt mehrere Tage unspektakulär steigt, sinkt die Angst der Anleger vor fallenden Kursen, die implizite Volatilität fällt somit. Läuft der Optionsschein noch sehr lange und hat keinen inneren Wert, so ist die Volatilität der wichtigste Preisfaktor. Fällt die Volatilität, werden Optionsscheine billiger, egal ob Call oder Put. Wer den Optionsschein in Zeiten fallender Volatilität schon besitzt, verliert.

Diese Mechanik ergibt Sinn. Wenn Sie meilenweit von der Küste entfernt segeln und zwingend am Abend das Land noch erreichen müssen, haben Sie nur eine Chance: Sie brauchen einen Sturm.

Wenn das Erreichen Ihres Strike-Preises unendliche Euros, Dollars, oder Indexpunkte entfernt ist, hilft nur Volatilität. Der Sturm kann Sie zwar noch weiter von der Küste blasen, wenn er aus der falschen Richtung kommt, und Strike-Preise können sich noch weiter entfernen, aber Sie haben nun eine Chance, das Ziel überhaupt zu erreichen. Genau das preist der Markt ein.

Zum Ende der Laufzeit von Optionsscheinen wird die Volatilität etwas unbedeutender. Befindet sich der Optionsschein genau am Geld, ist die Basiswertbewegung der wichtigste Faktor. Ist der Strike-Preis nicht in der Nähe, so wirkt der Zeitwertverfall (zur Erinnerung: das Teta) sehr stark.

Fazit

Optionsscheine können wie Wettscheine betrachtet werden. Alle Marktparameter, die das Eintreten des Wettereignisses wahrscheinlicher machen, erhöhen den Preis des Wettscheines.

Die Volatilität, die Entwicklung des Basiswertes und die Restlaufzeit bestimmen im Wesentlichen die Musik.

Nur wenn die Parameter und deren Zusammenspiel verstanden wurden, kann eine Kaufentscheidung für einen Optionsschein sinnvoll getroffen werden.

Die Last der Volatilität wird sehr häufig den Kauf eines Optionsscheines unattraktiv machen. Dazu können Sie nur die Käuferseite einnehmen und nicht den Stillhalter, so wie bei Optionen. Die meisten professionellen Trader sind jedoch Stillhalter. Bei Optionsscheinen können Sie nur maximal den Einsatz verlieren, als Stillhalter von Optionen ist das Verlustpotential unbegrenzt.

Gibt es für dieses Dilemma eine Lösung? Ja, es gibt Discount-Optionsscheine: Ein teilweise unbekanntes Produkt, welches Strategien zulässt, die sonst nur mit Optionen möglich sind.

Discount-Optionsscheine

Sie mögen keine Knock-out-Barrieren? Vielleicht, weil Sie häufig mit einer Marktmeinung recht haben, jedoch auf dem Weg dahin immer wieder durch Marktrücksetzer ausgeknockt werden? Optionsscheine sind auch keine Alternative, da die eingepreiste Volatilität die Performance zu stark mindert?

Wir kommen nun zu einem Produkt, welches am Privatanlegermarkt völlig unterschätzt wird und doch an vielen Stellen die Lösung aller Probleme sein könnte – die Discount-Optionsscheine.

Das klassische Discount-Zertifikat gibt es schon sehr lange. Ich bekomme einen Basiswert zu einem günstigeren Preis und habe dafür einen Cap, also eine Gewinnbegrenzung, wenn er steigt.

Angepriesen werden diese Zertifikate als Seitwärtschance. Steigt der Basiswert, gewinne ich (wenn auch nicht unbegrenzt), läuft er seitwärts und fällt nur ganz leicht, kann ich auch etwas gewinnen. Fällt der Basiswert, mache ich mit dem Zertifikat weniger Verlust, als wenn ich ihn direkt gekauft hätte.

Der Emittent baut das Zertifikat so, dass er den Basiswert kauft und eine Call-Option auf diesen Basiswert verkauft. Der Strike der Option ist der Cap des Discount-Zertifikates. Die Einnahme der Prämie von dem Optionsverkauf nutzt der Emittent, um den Discount, also den Abschlag, zu finanzieren.

Das Discount-Zertifikat gilt als Anlagezertifikat, weil ein Totalverlust nicht sehr wahrscheinlich ist, das Risiko einer Aktie gleicht (sogar etwas geringer ist) und die Haltedauer auf viele Monate bis wenige Jahre ausgerichtet ist.

Irgendwann gab es Discount-Optionsscheine, die dem Discount-Zertifikat zumindest in der Long-Variante (also Discount-Call) ähnelten. Es gibt zumindest auch einen Cap. Hier konnte es aber zu Totalverlusten kommen, dafür jedoch auch zu überdurchschnittlichen Gewinnen. Ein Discount-Optionsschein ist ein Hebelprodukt. Mehr noch, es war jetzt auch das Eingehen von Short-Positionen möglich. Mit Discount-Puts konnte an sinkenden Kursen partizipiert werden, wenn auch nicht in großem Maße, wegen der Gewinnbegrenzung.

Begrenzte Gewinne gefallen dem coolen Trader nicht und Discount klingt billig. Vielleicht ist diese Art von Zertifikat deshalb auch vielen Marktteilnehmern unbekannt. Wir haben wieder einen 80/20-Fall. Wir sollten uns damit beschäftigen, denn was 80 Prozent meiden oder nicht kennen, kann nur gut für uns sein.

Bull-Call-Spread-Zertifikat wäre vielleicht ein Name gewesen, der hipper klingt. Enorme Gewinne in wenigen Tagen sind bei dem Produkt ebenfalls möglich.

Ich werde Ihnen zeigen, dass Sie an Discount-Optionsscheinen bei bestimmten Strategien kaum vorbeikommen, zumindest, wenn Sie diese mit Hebelprodukten umsetzen wollen.

Unterschied Optionsscheine und Discount-Optionsscheine

Fangen wir mit den Grundlagen an.

Wir haben einen Basiswert, einen Strike-Preis und ein Laufzeitende wie beim klassischen Optionsschein. Neu ist eine Gewinnbeschränkung, also ein Cap in Form einer Barriere.

Der Cap liegt bei Discount-Calls über dem Strike-Preis. Liegt der Preis des Basiswertes am Ende der Laufzeit am oder über dem Cap, haben wir eine Maximalauszahlung. Sie errechnet sich aus

Cap minus Strike. Erreichen wir den Cap nicht, gilt Preis des Basiswertes minus Strike gleich Auszahlung. Eventuell gehen noch ein Bezugsverhältnis und eine Währungskomponente in die Auszahlung mit ein.

Liegt der Preis des Basiswertes am Ende der Laufzeit unter dem Strike, so haben wir einen Totalverlust, nachzahlen müssen wir bei einem Zertifikat zum Glück nicht.

Bei Discount-Puts liegt der Cap unter dem Strike-Preis. Jetzt muss der Preis des Basiswertes unter den Cap fallen, um eine Maximalauszahlung zu erreichen. Strike minus Cap ergibt nun meine Auszahlung. Bezugsverhältnis und Währungskomponenten sind ebenfalls zu beachten.

Ist der Preis des Basiswertes vom Discount-Put am Ende der Laufzeit über dem Strike, haben wir einen Totalverlust, auch hier müssen wir nichts nachzahlen.

Beispiel: Discount-Call mit Strike 8000 und Cap 9500, Bezugsverhältnis 1:100, der Basiswert notiert in Euro.

Steht der Preis des Basiswertes am Ende der Laufzeit bei 9000 so gilt: 9000 (Basiswertpreis) minus 8000 (Strike) ist 1000. Geteilt durch das Bezugsverhältnis (100) ist 10. Die Auszahlung liegt bei 10 Euro.

Beispiel: Discount-Call mit Strike 70 und Cap 85, Bezugsverhältnis 1:10, der Basiswert notiert in Dollar. Kurs: EUR/USD = 1,10.

Steht der Basiswert am Ende der Laufzeit bei 90 Dollar, so gilt: 85 (Cap!) minus 70 (Strike) ist 15. Geteilt durch das Bezugsverhältnis (10) ist 1,5. Jetzt berücksichtigen wir die Fremdwährung und rechnen 1,5 geteilt durch 1,10 (EUR/USD-Kurs). Wir erhalten eine Auszahlung von 1,363 Euro.

Beispiel: Discount-Put mit Strike 100 und Cap 90, Bezugsverhältnis 1:1, der Basiswert notiert in Euro.

Steht der Basiswert am Ende der Laufzeit bei 105, ist der Schein wertlos, denn er muss mindestens unter 100 (Strike) fallen.

Steht der Basiswert am Ende der Laufzeit bei 87, so gilt: 100 (Strike) minus 90 (Cap!) ist 10. Da das Bezugsverhältnis hier nichts mindert, ist 10 Euro meine Auszahlung.

Nachdem wir die Funktion geklärt haben, schauen wir uns die Struktur an, mit der der Emittent die Scheine abbildet, damit wir das Laufzeitverhalten beurteilen können.

Abbildung durch den Emittenten

Absicherung des Emittenten bei Discount-Calls

Emittenten sind professionelle Marktteilnehmer und können Optionen verkaufen, welche sie nicht besitzen. Sie haben somit die Möglichkeit short zu sein und als Stillhalter zu agieren. Damit lässt sich der Kauf von Calls mit niedrigem und der gleichzeitige Verkauf von Calls mit höherem Strike realisieren.

Emittenten kaufen beispielsweise eine Call-Option auf einen Basiswert mit Strike 100 und verkaufen eine Call-Option mit gleichem Basiswert und gleicher Laufzeit, aber Strike 110.

Die Kombination aus gekaufter und verkaufter Option, wobei

letztere den höheren Strike-Preis hat, ergibt den Discount-Call, welcher mit einer Wertpapiernummer versehen und an Privatanleger verkauft wird.

Die verkaufte Call-Option ist günstiger, denn je höher der Strike, desto niedriger der Preis vom Call. Der Erlös durch den Verkauf wird für den Discount genutzt. Der Strike der verkauften Option wird mein Cap.

Je weiter Strike und Cap auseinander sind, desto geringer ist der Discount.

Was passiert, wenn der Basiswert durch die Decke geht, also über den Strike der verkauften Option sich entwickelt?

Dann gewinnt der gekaufte Call enorm an Wert. Der verkaufte Call mit dem höheren Strike verursacht starke Verluste. Doch die Verluste werden nie so hoch sein, dass sie die Gewinne der gekauften Calls überschreiten. Dem Emittenten kann nichts passieren, er ist in der Lage, Ihnen die Maximalauszahlung zugutekommen zu lassen.

Was passiert, wenn der Basiswert abstürzt, unter den Strike der gekauften Option?

Der gekaufte Call hat keinen Wert, der verkaufte Call auch nicht. Der Discount-Call ist wertlos. Der Emittent muss auch sein Absicherungsgeschäft zu keiner Zeit schließen. Sein Verlust entspricht (abgesehen von den Gebühren) auch dem Verlust des Kunden.

Was passiert, wenn der Basiswert sich zwischen den zwei Strikes einpendelt?

Der Call mit dem niedrigen Strike hat einen Wert und der Call mit dem höheren Strike sinkt gegen null, je näher das Laufzeitende kommt. Damit entspricht die Discount-Call-Kombination dem Wert eines normalen Optionsscheines mit einem Strike auf Höhe des Basiswertes.

Absicherung des Emittenten bei Discount-Puts

Bei Discount-Puts läuft es spiegelverkehrt zu Discount-Calls, deshalb kann ich diesen Punkt kürzer beschreiben.

Der Emittent kauft einen Put mit Strike auf Höhe des Basispreises unseres Discount-Puts.

Gleichzeitig tritt er als Stillhalter auf und verkauft einen Put, jedoch mit niedrigerem Strike. Dieser Strike wird mein Cap. Der Erlös aus der verkauften Option wird für den Discount genutzt.

Emittenten kaufen beispielsweise eine Put-Option auf einen Basiswert mit Strike 80 und verkaufen eine Put-Option mit gleichem Basiswert und gleicher Laufzeit aber Strike 70.

Fällt der Preis des Basiswertes unter 70, kommt der Emittent als Stillhalter in eine Auszahlungsverpflichtung, die durch die Auszahlung des Puts mit Strike 80 komplett absorbiert wird. Der Emittent hat damit kein Risiko.

Kommen wir zu den Einflüssen auf die Preisbildung während der Laufzeit.

Preisbeeinflussende Faktoren

Die Discount-Optionen haben einen inneren Wert (Differenz

zwischen Basispreis und Cap) und einen Zeitwert. Beides wird nicht zwangsläufig immer addiert.

Wir müssen drei Fälle unterscheiden, um die Preisentwicklungen von Discount-Optionen verstehen zu können: Unser Basiswertpreis ist zwischen Basispreis und Cap, aus dem Geld (kein innerer Wert) oder tief im Geld (maximaler innerer Wert bereits erreicht).

Erster Fall: Der Basiswert ist zwischen Basispreis und Cap.

Einflussfaktor: Der Preis des Basiswertes steigt.

Bei Calls wird unser Discount-Call steigen, bei Discount-Puts wird er sinken. Wir haben aber hier kein Delta-1-Produkt. Bei Discount-Optionsscheinen, die gerade so einen inneren Wert haben, wird die Preisveränderung stärker ausfallen als bei Discount-Optionsscheinen, die mit ihrem inneren Wert schon am Cap anstoßen.

Einflussfaktor: Die Volatilität steigt.

In der Regel wird der Preis vom Discount-Optionsschein sinken. Ein riesiger Unterschied zu Standard-Optionsscheinen! Der Emittent hat zwar im Hintergrund eine Option gekauft, die wertvoller wird, doch er hat auch eine Option verkauft. Die verkaufte Option ist noch aus dem Geld, sie reagiert stärker auf einen Volatilitätsanstieg. Je teurer die verkaufte Option im Hintergrund, desto größer wird der Discount, also der Preisabschlag. Ein Preisabschlag bedeutet Verbilligung des Discount-Optionsscheines, der Preis sinkt.

Das gilt für Discount-Calls und Discount-Puts. Wenn die Volatilität sinkt, verringert sich der Discount und das Zertifikat wird teurer.

Einflussfaktor: Die Zeit läuft ab.

Discount-Calls und Discount-Puts werden teurer. Beide Optionen im Hintergrund verlieren an Wert, die verkaufte Option jedoch mehr. Je mehr die verkaufte Option im Hintergrund verliert, desto geringer der Discount. Je geringer der Discount, desto besser für diejenigen, die das Zertifikat bereits besitzen – denn es steigt im Wert.

Zweiter Fall: Der Basiswert hat keinen inneren Wert.

Gehen wir für das einfachere Verständnis davon aus, dass unser Discount-Optionsschein weit aus dem Geld ist, ein innerer Wert also schwer zu erreichen sein wird.

Einflussfaktor: Der Preis des Basiswertes steigt.

Ein Discount-Call wird steigen, Discount-Puts werden sinken. Sinkt der Preis vom Basiswert, gilt die Regel andersherum. Die Bewegung ist jedoch umso geringer, je weiter wir uns aus dem Geld befinden. Es kann sogar passieren, dass sich der Preis gar nicht bewegt. Liegt Fußballmannschaft A gegen B 0:10 zurück, wird ein Anschlusstreffer von A nichts an der Siegquote von B in den Wettbüros ändern.

Einflussfaktor: Die Volatilität steigt.

Wenn wir uns weit aus dem Geld befinden, egal ob bei Call oder Puts, kann nur noch der Anstieg an Volatilität helfen, den Strike doch noch zu überschreiten. Diese Regel gilt auch für Discount-Optionsscheine! Alles, was hilft, einen inneren Wert doch noch zu erreichen, macht das Zertifikat wertvoller. Discount-Calls und Discount-Puts steigen somit im Preis.

Einflussfaktor: Die Zeit läuft ab.

Wir hatten nur einen Zeitwert, die Zeit war neben Volatilität einer der Hoffnungen, dass wir einen inneren Wert noch erreichen können. Schwindet die Zeit, macht das unseren Discount-Optionsschein (egal ob Call oder Put) weniger wert.

Dritter Fall: Der Basiswert hat bereits den maximalen inneren Wert.

Wir gehen wieder davon aus, dass wir deutlich im Geld sind und klären gleich, ob es überhaupt Sinn macht, Discount-Optionsscheine zu erwerben, die ihren Cap bereits erreicht haben.

Ist der Cap bei Discount-Calls überschritten oder ist der Basiswertpreis bei Discount-Puts unter ihm, so haben wir den vollen inneren Wert, von dem der Discount jedoch abgezogen wird. Wer so ein Discount-Zertifikat besitzt, richtet seine Aufmerksamkeit auf zwei Dinge. Erstens möchte er nicht, dass der innere Wert kleiner (oder gar wertlos) wird, weil sich der Basiswert gegen ihn bewegt. Zweitens schöpft er seine Gewinne daraus, dass der Discount immer kleiner wird. Mit diesen zwei Hypothesen lassen sich die Einflussfaktoren besser beschreiben.

Einflussfaktor: Der Preis des Basiswertes bewegt sich.

Solange sich der Basiswert nicht gegen mich bewegt (Basiswert fällt beispielsweise bei Discount-Calls), kann er meine Chancen auf die Maximalauszahlung nur verbessern. Der Discount sinkt und damit verbessert sich der Preis meines Zertifikates. Das gilt jedoch zwingend nur, solange der Basiswert nicht meilenweit vom Cap entfernt ist. Wir erinnern uns an das Fußballspiel, das bei 10:0 stand. Fällt das 11:0, wird das an der Wettquote genauso wenig ändern wie ein 10:1 Anschlusstreffer. Dafür sind andere Dinge wichtiger, beispielsweise die Volatilität.

Einflussfaktor: Die Volatilität steigt.

Der Halter des Discount-Optionsscheines hat ein Wahrscheinlichkeitsproblem, wenn die Volatilität steigt. Je mehr der Markt schwankt, desto größer die Gefahr, dass der bereits erreichte innere Wert doch noch verloren geht. Der Wert des Zertifikats sinkt. Wenn die Volatilität hingegen sinkt, wird meine Maximalauszahlung wahrscheinlicher, das Zertifikat wird wertvoller.

Einflussfaktor: Die Zeit läuft ab.

Die Zeit läuft für den Zertifikate-Inhaber. Wer beim Fußball vorn liegt, für den ist jede Minute, die von der Spielzeit abläuft, wertvoll. Unsere Maximalauszahlung beim Zertifikat wird auch wahrscheinlicher. Der Wert des Zertifikates wird in unserer Situation daher mit ablaufender Zeit wertvoller.

Zusammenfassung

Die folgenden Grafiken fassen die preisbeeinflussenden Faktoren zusammen:

Preisänderung Discount-Call

	weit aus dem Geld	am Geld	tief im Geld
▲ Basiswert	steigt leicht	steigt	steigt leicht
▼ Basiswert	sinkt leicht	sinkt	sinkt leicht
▲ Volatilität	steigt	ändert sich wenig	sinkt
▼ Volatilität	sinkt	ändert sich wenig	steigt
▼ Restlaufzeit	sinkt	sinkt	steigt

Abbildung 2: Preisparameter Discount-Calls

Preisänderungen Discount-Put

	weit aus dem Geld	am Geld	tief im Geld
▲ Basiswert	sinkt leicht	sinkt	sinkt leicht
▼ Basiswert	steigt leicht	steigt	steigt leicht
▲ Volatilität	steigt	ändert sich wenig	sinkt
▼ Volatilität	sinkt	ändert sich wenig	steigt
▼ Restlaufzeit	sinkt	sinkt	steigt

Abbildung 3: Preisparameter Discount-Puts

Ich habe hier die extremen Situationen verglichen. Diese Regeln gelten grundsätzlich, aber es ist nie ausgeschlossen, dass die im Hintergrund verkauften Optionen sehr unterschiedlich reagieren können, gerade wenn die Restlaufzeit fast abgelaufen ist. Optionen reagieren am Strike-Preis heftiger (zur Erinnerung an das Optionsschein-Kapitel: der Gammaeffekt) und sind letztendlich ein Produkt aus Angebot und Nachfrage. Da kann es auch in seltenen Fällen zu unlogischen Kursbewegungen kommen.

Emittenten-Interview mit der BNP Paribas

Für das Emittenten-Interview habe ich mit der französischen Großbank BNP Paribas gesprochen, welche in sehr großem Umfang Discount-Optionsscheine für Privatanleger anbietet.

Beschreiben Sie bitte kurz Ihr Unternehmen und welche Hebelprodukte Sie für Privatanleger anbieten.

Als 1869 die damalige Banque de Paris gegründet wurde, feierte man weiter südlich in Ägypten die Eröffnung des Suezkanals, in New Hampshire ging die erste Zahnradbahn weltweit in Betrieb und Napoleon III. war noch zwei Jahre Kaiser der Franzosen. So weit reicht die Geschichte von BNP Paribas zurück. Tradition und Moderne prägten seit jeher die Bank bis in die heutige Zeit, in der sie mit 200.000 Mitarbeitern mit Bank- und Finanzdienstleistungen in 71 Ländern vertreten ist. Dabei verändert sie sich stetig mit der sich gleichsam stetig verändernden Welt. Getreu dem Leitspruch der Bank: „Die Bank für eine Welt im Wandel". Mit über 200.000 Wertpapieren ist BNP Paribas Zertifikate der führende Anbieter für Anlage- und Hebelprodukte in Deutschland. Zuletzt wurden wir mehrfach für unsere Leistungen rund um Produkte,

Handel und Marketing mit renommierten Preisen ausgezeichnet. Wir bieten sowohl Zertifikate-Strukturen als auch verschiedene Knock-out-Produkte, sowie Faktor-Zertifikate auf Indizes, Einzelaktien, Währungspaare sowie Rohstoffe an.

Mit Discount-Optionsscheinen lassen sich Seitwärtsstrategien oder Stillhalterstrategien umsetzen. Es gibt Stimmen, die besagen, dass es die besten Produkte von Zertifikate-Emittenten sind.

Warum gehören sie trotzdem zu den eher unbekannten Zertifikaten? Welche Kennzahlen von Discount-Optionsscheinen sollten Privatanleger vor dem Erwerb prüfen?

Discount-Optionsscheine sind Kopien einer Handelsstrategie aus dem professionellen Optionshandel, dem sogenannten „Spread". Im Falle des Discount-Calls ist die Optionsvariante der „Call-Spread" und im Falle des Discount-Puts der „Put-Spread". Die Konstruktion eines Spreads verläuft folgendermaßen:

Discount-Call: Sie kaufen einen Call mit einem niedrigen Basispreis und verkaufen gleichzeitig einen Call mit einem höheren Basispreis und gleicher Laufzeit. Der Wert der genannten Option definiert den Basispreis, die letztgenannten den Höchstkurs des Discount-Calls.

Discount-Put: Sie kaufen einen Put mit einem hohen Basispreis und verkaufen gleichzeitig einen Put mit einem niedrigeren Basispreis und gleicher Laufzeit. Die erstgenannte Option definiert den Basispreis, die letztgenannte den Tiefkurs des Discount-Puts.

Lassen Sie uns betrachten, welche Faktoren während der Laufzeit Einfluss auf den Preis von Discount-Optionsscheinen haben. Dabei sollten Sie berücksichtigen, dass die isolierte Betrachtung einzelner preisbildender Faktoren immer nur zu der Aussage führen kann, dass sich etwas wertsteigernd oder wertmindernd auswirkt. Letzten Endes kommt es für die tatsächliche Wertentwicklung während der Laufzeit auf die Summe aller preisbildenden Faktoren an: 1. die Veränderungen des Kurses, des Basiswertes, 2. die Laufzeit, 3. die erwarteten Dividenden, 4. die Volatilität und 5. die Zinsen. Des Weiteren sollte man auf die Seitwärtsrendite sowie auf die maximal erzielbare Rendite schauen. Beides kann direkt auf bnp.de bei allen angebotenen Discount-Optionsscheinen eingesehen werden.

Anleger lassen sich wohl vor der Gewinnbegrenzung des Discount-Optionsscheins abschrecken. Dabei führt diese Begrenzung dazu, dass der Optionsschein deutlich günstiger erworben werden kann als ein klassischer Optionsschein. Ich erreiche damit also schneller einen Break-even und bin damit schneller in der Gewinnzone.

Die Discount-Optionsscheine sind rechtlich InhaberSchuldverschreibungen und haben deshalb ein Emittenten-Risiko. Wo und wie können sich Privatanleger über die Solvenz des Emittenten informieren?

Obwohl die Kreditwürdigkeit der herausgebenden Bank nur eines von mehreren Kriterien bei der Bewertung von Finanzprodukten darstellt und keinesfalls als alleinige Entscheidungsgrundlage dienen sollte, spielt sie dennoch eine zentrale Bedeutung.

Die von internationalen Rating-Agenturen wie Moody's und Standard & Poor's vergebenen Bonitätsnoten ermöglichen einen Überblick über die Kreditwürdigkeit der einzelnen Institute. BNP Paribas ist weltweit eines der größten Emissionshäuser für derivative Finanzprodukte und verfügt über ein hervorragendes Bonitätsrating: S&P A+, Moody's AA3.

Weitergehende Informationen zum Emittenten finden Sie in den jeweiligen Wertpapier-Prospekten. Darüber hinaus können Sie sich in den Quartalsberichten der BNP Paribas eine bessere Meinung zur finanziellen Situation und dementsprechend auch dem Emittenten-Risiko bilden.

Aufgrund der hohen Bedeutung des Emittenten-Risikos haben wir einen Service auf unserer Website eingerichtet, der Anlegern den schnellen Blick auf die Ratings und die Höhe der Credit Default Swaps nahezu aller Zertifikate-Emittenten liefert.

Ein Anleger kauft für 1000 Euro Discount-Optionsscheine auf einen Index. Was passiert in der Sekunde, in der sie gekauft werden, beim Emittenten?

Als Emittent gehen wir dieselbe Position ein, die sie gekauft haben. Wenn ein Anleger für 1000 Euro Discount-Call-Optionsscheine auf den DAX kauft, müssen wir einen „Call-Spread" am Terminmarkt simulieren. Dies ist unsere Absicherungsposition, die sicherstellt, dass wir zu jeder Zeit unsere Verbindlichkeit gegenüber dem Optionsscheinkäufer bedienen können.

Als Emittent verdienen wir dann an der Differenz zwischen dem Verkauf des Optionscheins und dem Preis für die Absicherungsgeschäfte, die wir tätigen.

Privatanleger können den Volatilitätseinfluss bei Discount-Optionsscheinen häufig nicht richtig einschätzen.

Würde es helfen, den IVR (Implizite-Volatilitäts-Rank) Ihrer Discount-Optionsscheine zu veröffentlichen, damit Privatanleger den Volatilitätseinfluss besser einschätzen können?

Wo können sich interessierte Anleger passende Discount-Optionsscheine von Ihnen heraussuchen und welche Filterkriterien sind sinnvoll?

Wir wissen von herkömmlichen Optionsscheinen, dass sich eine steigende Volatilität sowohl auf Calls als auch auf Puts wertsteigernd, eine abnehmende Volatilität immer wertmindernd auswirkt. So einfach ist das bei Discount-Optionsscheinen nicht. Das liegt natürlich daran, dass Sie mit diesem Hebelprodukt sowohl eine Option gekauft als auch eine Option verkauft haben. Die Frage ist also, bei welcher Option sich die Veränderung der Volatilität stärker bemerkbar macht. Würde etwa bei einem allgemeinen Anstieg der Volatilität der Preis der verkauften Option stärker steigen als der gekauften Option, so hätte dies zur Folge, dass der Preis des Discount-Optionsscheins trotz steigender Volatilität sinkt.

Um es kurz zu machen: es kommt auf die konkrete Situation an, wie sich die Veränderungen der Volatilität auf den Preis von Discount-Optionsscheinen auswirken. Dabei muss auch berücksichtigt werden, dass es vorkommt, dass Volatilitäten je nach Höhe des Basispreises in unterschiedlicher Stärke steigen und fallen.

Die implizite Volatilität wird auf verschiedenen Websites hergeleitet und ausgewiesen. Für den Anleger ist die beste Orientierung wahrscheinlich, dass er, wenn er die für ihn wichtigen Faktoren wie Typ, Basispreis und Laufzeit, bestimmt hat, den günstigsten Kaufkurs unter den Emittenten auszuwählen vermag, denen er vertraut.

Auf unserer Webseite „www.bnp.de" können sich Anleger für ihre Anlegerstrategie passende Discount- Optionsscheine heraussuchen. Der Anleger sollte sich hierbei auf die gewünschte Laufzeit, sowie auf Basispreis und Cap festlegen. Die Seitwärtsrendite sowie die maximal mögliche Rendite wird bei jedem unserer Produkte angezeigt, sodass jeder Anleger auf einen Blick sieht, welche Rendite-Chancen er bei seinem gewünschten Produkt hat. Sollten dennoch Fragen bezüglich unserer Produkte aufkommen, können Sie das Produktteam der BNP Paribas Zertifikate Deutschland unter +49 (0) 69 7193 - 3111 erreichen (Montag-Freitag, 08:00-22:00 Uhr).

Fazit: Was Discount-Optionsscheine so besonders macht

Wir haben bereits CFDs, Knock-out-Zertifikate und klassische Optionsscheine vollständig betrachtet. Alle drei Produkte sind für Privatanleger eine Wette auf eine Marktrichtung, entweder steigende oder fallende Märkte. Auch mit Discount-Optionsscheinen kann auf eine Marktrichtung gesetzt werden.

Mit Discount-Optionsscheinen kann ich auch Seitwärtsrenditen erzielen, da ich einen Rabatt beim Kauf bekomme, der sich mit abnehmender Restlaufzeit immer mehr verringert und das Zertifikat teurer im Preis steigen lässt.

Was aber den Discount-Optionsschein möglicherweise zum Besten aller Zertifikate-Typen macht, ist die Tatsache, dass Sie faktisch als Stillhalter agieren, ohne die Probleme eines echten Stillhalters zu haben.

Der Stillhalter wettet darauf, dass ein Ereignis nicht eintritt. Seine Optionen, die er verkauft, sollen keinen inneren Wert bekommen, sonst droht ein unendlicher Verlust (zumindest bei Calls).

Kaufen Sie einen Discount-Call, bei dem der Basiswert über dem Cap ist, setzen Sie nur darauf, dass der Basiswert nicht unter den Cap fällt. Liegt die Maximalauszahlung bei 5 Euro und das Zertifikat, welches tief im Geld ist, kostet 4.80 Euro, so bekommen Sie faktisch 20 Cent Prämie, wenn der Cap nicht doch noch unterschritten wird. Sie werden Prämiensammler, genau wie ein Profi am Kapitalmarkt, der Optionen verkauft.

Geht eine Wette schief, weil Sie einen Discount-Put tief im Geld für 4.60 Euro gekauft haben, 5 Euro verdienen wollten und nun der Markt über den Cap steigt, so können Sie im schlimmsten Fall 4.60 Euro verlieren (sollte der Markt auch noch den Strike-Preis übersteigen).

Klar ist der Totalverlust hart, doch stellen Sie sich vor, Sie besitzen den Basiswert wirklich (beispielsweise einen DAX-ETF) und haben einen Discount-Put (tief im Geld) gekauft. Dann haben Sie den Totalverlust im Zertifikat, Ihr Basiswert ist aber überproportional gestiegen. Unter dem Strich haben Sie vielleicht keinen Verlust, sondern etwas weniger Gewinn.

Sie sehen, dass Sie mit dem Discount-Optionsschein in die Welt der professionellen Optionsstrategen eintreten können, ohne in Probleme wie die Nachschusspflicht zu geraten, was beim Handeln mit echten Optionen passieren könnte. Echte Optionshändler müssen auch ein Gegengeschäft mit anderem Strike tätigen, wenn sie sich gegen unbegrenzte Verluste absichern wollen.

Haben Sie schon von **Discount-Optionsscheinen-Plus** gehört? Das sind Scheine, die den vollen inneren Wert auszahlen, wenn der innere Wert während der Laufzeit nie null war. Sie werden als Scheine mit zusätzlichem Sicherheitspuffer verkauft, aber Vorsicht! Wenn Sie diese Scheine kaufen, der Strike sich nähert und fast keine Restlaufzeit mehr da ist, haben Sie eine Bombe in der Hand. Die Sprünge zwischen fast wertlos und Maximalauszahlung, je nachdem wie sich der Basiswert bewegt, sind enorm. Zwischen 400-500 Prozent Kursanstieg innerhalb weniger Stunden sind hier möglich. Wir befinden uns hier definitiv im Casinomodus, für Trading-Strategien sind diese Produkte weniger geeignet.

Zusammenfassung und Vergleich Optionsscheine mit Discount-Optionsscheinen

Wir haben die Welt der Hebelzertifikate betreten, welche teilweise einen hohen Volatilitätseinfluss haben und keine Knock-out-Schwelle besitzen.

Ich werde Gemeinsamkeiten und Unterschiede auflisten und damit die Derivate mit Volatilitätseinfluss abschließen.

Gemeinsamkeiten

» Beide Produkte haben einen Basispreis, wird dieser nicht überschritten, so werden der Call und der Discount-Call wertlos. Wird der Basispreis nicht unterschritten, so werden der Put und der Discount-Put wertlos.

» Mit beiden Produkten, kann auch auf eine Marktrichtungsbewegung spekuliert werden. Calls und Discount-Calls können für steigende Märkte, Puts und Discount-Puts hingegen für die Partizipation an fallenden Märkten genutzt werden.

» Mit beiden Produkten bewegt man wirtschaftlich mehr, als durch den Kauf der Zertifikate eingesetzt werden muss. Damit sind Optionsscheine und Discount-Optionsscheine Hebelprodukte.

» Volatilität, Basiswertänderung oder Ablauf der Restlaufzeit haben eine preisbeeinflussende Wirkung. Der Einfluss der Volatilität grenzt beide Produkte deutlich von den Delta-1-Produkten ab.

» Beide Produkte sind Schuldverschreibungen gegenüber dem Emittenten. Ist der Emittent insolvent, bekommen Sie möglicherweise keine Auszahlung aus dem Produkt.

Unterschiede – Kosten

» Gehen wir von den Gebühren aus, die wir an den Emittenten zahlen, hat der Optionsschein die Nase vorn. Für den Discount-Optionsschein braucht der Emittent zwei Optionsgeschäfte, um ihn abbilden zu können, das muss zwangsläufig zu mehr Gebühren führen. Der Emittent muss am Markt zweimal einen Spread bezahlen.

» Gehen wir von den reinen Spekulationskosten aus, also der Preis, der für eine Wette zu zahlen ist, ist der Discount-Optionsschein günstiger. Die Kosten werden hauptsächlich von der Volatilität verursacht und der Faktor ist bei Discount-Optionsscheinen kleiner.

Unterschiede – Gewinnpotential

» Beim Optionsschein ist bei der Call-Variante der Gewinn unbegrenzt und beim Put zumindest sehr hoch.

» Der Discount-Optionsschein hat ein begrenztes Gewinnpotential. Das kann dazu führen, dass manch spekulativ-orientierter Neuling dieses Kapitel gar nicht erst gelesen hat. Wenn doch, ist er oder sie vermutlich bei meinem kurzen Einschub zu Discount-Optionsscheinen-Plus hellhörig geworden.

Unterschiede – Verfügbare Basiswerte

» Die Emittenten können alles abbilden, worauf es Optionen gibt, hier gibt es grundsätzlich keinen Unterschied.

» Klassische Optionsscheine gibt es sehr lange am Markt und jeder Emittent bietet sie an. Discount-Optionsscheine werden von nicht allen Zertifikate-Emittenten angeboten, deshalb ist das Angebot am Markt geringer.

Unterschiede – Preisbeeinflussende Faktoren

» Dass es bei steigenden Preisen vom Basiswert einen positiven Einfluss auf Calls und Discount-Calls gibt, können wir festhalten. Fallende Basiswertpreise sind für klassische Puts genauso positiv wie für Discount-Puts.

» Der große Unterschied ist der Volatilitätseinfluss. Bei hoher Volatilität ist der klassische Optionsschein nahezu unbezahlbar, beziehungsweise ein Gewinn damit zu erzielen wird sehr schwer. Der Discount-Optionsschein drängt sich als einziges Produkt auf, dass bei hoher impliziter Volatilität noch Sinn macht.

Gesamtfazit:

Wer Strategien verfolgt, für deren Erfolg die Knock-out-Zertifikate hinderlich sind, der kommt an Optionsscheinen kaum vorbei. Da der Volatilitätseinfluss für die klassischen Optionsscheine eine große Last ist, stellen Discount-Optionsscheine eine wertvolle Alternative dar.

Wichtig wie bei den Delta-1-Produkten: Bevor Sie jetzt mit dem Handel loslegen, weil Sie ungern Bücher komplett lesen und Sie die anderen Kapitel nicht interessieren: Wenn Sie das Kapitel Risiko- und Money-Management nicht vorher lesen, wird Ihr Geld in kürzester Zeit weg sein. Überspringen Sie diesen Punkt bitte nicht!

⌇ | Einsatz in Trading- und Investitions-Strategien

Jetzt fängt es an, Spaß zu machen.

Ich bin die wichtigsten Hebelprodukte durchgegangen, habe die professionelle Marktseite erläutert, Vor- und Nachteile der jeweiligen Produkte aufgezeigt und könnte das Buch schon schließen. Anschließend könnte ich das nächste Buch über Trading-Strategien schreiben.

Doch die Verbindung zwischen Produktwissen und Trading-Strategien ist mir sehr wichtig. Dafür muss ich ein paar Grundlagen zum Trading aufführen, werde mögliche Strategien erläutern und mein vermitteltes Produktwissen an Praxisbeispielen anwenden.

Das Einmaleins der Trading-Strategien

Bevor wir in die Details einsteigen, möchte ich die richtige Erwartungshaltung wecken. Die Frage, ob man an der Börse als Normalverdiener Millionen verdienen kann, treibt viele um. Ist man bereits Multimillionär und Großaktionär einer Aktiengesellschaft, die jedes Jahr Dividenden ausschüttet, so kann die Dividendenzahlung allein zu Millionenerträgen führen.

Wenn Sie in der Lage sind, 30 Jahre lang 700 Euro monatlich in einen ETF-Sparplan zu stecken, könnten Sie eine Million Euro Vermögen anhäufen. Zumindest, wenn die Rendite von Aktienmärkten weiterhin über 8 Prozent pro Jahr liegen wird. Eine Garantie gibt es dafür nicht.

Mit Investitionen in Einzelaktien könnten Sie noch schneller eine Million erreichen, jedoch mit deutlich höherem Risiko.

Wie sieht es mit Trading aus?

Realistische Trading-Renditen

Es kann sein, dass jemand mit einem Geschäft 100 Prozent oder mehr Gewinn macht. Mehrfach hintereinander wird es vermutlich nicht klappen, schon gar nicht ohne Risiko. Es ist im Trading viel eher normal, dass es Verluste gibt, häufig sogar in 50 Prozent der Fälle. Solange die ertragreichen Trades absolut die Verluste übersteigen, sind 50 Prozent Gewinnertrades auch ausreichend.

80 Prozent der Trader machen keinen Gewinn. Die Trader, die Gewinne machen und zu den Besten gehören, erreichen 25 Prozent Gewinn im Jahr. Dafür reicht es nicht, nach dem Feierabend zwei Stunden zu traden, dafür ist ein Vollzeit-Trading nötig, zumindest wenn die Gewinne jedes Jahr so hoch sein sollen.

Damit ein Trader vom Trading ohne einen weiteren Job leben kann, muss er 300.000 Euro als Kapital zur Verfügung haben. Bei 10-20 Prozent jährlichem Ertrag wird ihm das nicht zu Reichtum verhelfen und er lebt ständig in dem Risiko, dass große Teile seines Kapitals durch längere Verlustphasen aufgezehrt werden.

Wenn Sie es tatsächlich schaffen, dauerhaft Trading-Erträge zu erzielen, haben Sie andere Möglichkeiten, reich zu werden, als ständig das eigene Kapital zu riskieren.

Vier Wege um als Trader viel Geld zu verdienen

Sollten Sie Trading nicht nur nutzen wollen, um eine Zusatzrendite für Ihr Portfolio zu erzielen, sondern um ein Vermögen zu machen, sind Sie vielleicht enttäuscht, nachdem ich die realistischen Renditeerwartungen aufgezeigt habe. Ich kann Ihnen aber vier Wege aufzeigen, wie man als sehr guter Trader trotzdem zu einem Vermögen kommen kann – und das theoretisch ohne Kapitaleinsatz.

1. Sie arbeiten für eine Bank als **Eigenhändler**. Wenn Sie jedes Jahr konstant Gewinn erzielen, werden Sie schnell einen Job in der Finanzbranche finden. Eine Anstellung, für die Sie ein sechsstelliges jährliches Fixgehalt bekommen und den gleichen Betrag nochmal als Bonuszahlung erwarten können. Sie werden bestens technisch ausgestattet, Ihnen bringt jeden Tag jemand einen Obstkorb, Kaffee und andere Nettigkeiten an den Platz und Sie können auch mal Urlaub machen. Das Beste daran: In Verlustphasen verlieren Sie vielleicht Ihren Bonus und maximal den Job. Einkommensmillionär werden Sie wahrscheinlich nicht, Vermögensmillionär sollte jedoch kein Problem sein, solange Sie keinen exzessiven Lebensstil pflegen.

2. Sie werden selbstständiger Fondsmanager. Angestellter Fondsmanager zu werden ist auch möglich, dann ist es ähnlich wie beim Eigenhändler. Doch richtig reich werden Sie, wenn Sie einen eigenen Fonds haben und dieser mehrere hundert Millionen Euro groß wird, weil viele Anleger Ihnen Geld geben. Die Anleger zahlen Ihnen ein Prozent Verwaltungsgebühr jährlich. Sollten Sie Verluste machen, müssen Sie diese nicht aus der eigenen Tasche bezahlen. Wenn Sie die Verwaltungsgebühr nicht mit allzu vielen Geschäftspart-

nern teilen müssen, können Sie es zum Einkommensmillionär schaffen. Aber erfolgreiches Trading lässt sich im Investmentfonds nicht so gut umsetzen wie im Eigenhandel oder zu Hause. Es gibt viele Regularien, die auch sinnvoll sind, weil sie die Anleger schützen. Einen Fonds zu 100 Prozent in Cash zu setzen, weil der Markt gerade keine Trading-Gelegenheit hergibt, ist nicht möglich, ein Fonds muss immer investiert sein, dazu noch in verschiedene Assets für die Risikostreuung. So manch ein erfolgreicher Trader hat einen Fonds aufgemacht, der anschließend sehr schlechte Ergebnisse erzielt hat und wieder geschlossen werden musste.

Bei Hedgefonds gibt es weniger Regularien, sie haben jedoch in der Regel ein sehr großes Fondsvolumen. Trading muss hier in Größen betrieben werden, die schon marktbeeinflussend sein können. Damit wird so manche Strategie eventuell kaputt gemacht.

3. Sie machen einen **YouTube-Kanal** oder **Blog** auf, teilen Ihre Fähigkeiten mit der Welt, organisieren ein Live-Trading und machen Werbung für Trading-Depots. Die meisten Videos oder Blogs haben Werbelinks, wenn Sie darüber ein Produkt kaufen, kann ein Trader ein lukratives Zusatzeinkommen verdienen. Zuschauer können kostenlos etwas lernen, was ich sehr gut finde. Finanziert wird es wie beim privaten Fernsehen durch Werbung. Ob man Millionär damit wird, kann ich nicht beurteilen. Große Kanäle oder auch Portale wie JustETF, Onvista, oder Finanzen.de haben sicher sehr viele Einnahmen, jedoch auch Kosten und Mitarbeiter, die bezahlt werden müssen.

4. Sie geben **Seminare** oder **Coachings**. Coachings im Finanzbereich kosten mehrere tausend Euro. Sind Sie nachweislich

ein erfolgreicher Trader und besitzen dazu didaktische Fähigkeiten, werden Sie schnell Kunden finden, die Ihnen nacheifern wollen.

Fazit:

Eine Kombination aus privatem Trading, Seminaren und Werbeeinnahmen kann einem Trader zu viel Geld verhelfen, ohne dem ständigen Marktrisiko ausgesetzt zu sein. Die lukrativste Möglichkeit ist der eigene Publikumsfonds oder gar Hedgefonds.

Hedgefonds-Manager sind nicht selten in der Forbes-Liste als Finanzakteure mit dem größten Einkommen zu finden.

Zeithorizont von Trading-Strategien

Ich habe in diesem Buch am Anfang Trading von Investitionen abgegrenzt. Zur Erinnerung: Investitionen waren Käufe mit langfristigem Zielbild, während sich Trading auf eine kürzere Haltedauer fokussiert. Was kürzere Haltedauer konkret bedeutet, kann auch innerhalb des Tradings sehr unterschiedlich sein.

Ich möchte hier zwischen Day-Trading, Swing-Trading und Positions-Trading unterscheiden.

Day-Trading

Eröffnet jemand am Tag eine Position und schließt diese geplant vor Marktschluss, wird eine Day-Trading-Strategie verfolgt. Positionen, die am ersten Haltetag durch einen Sicherungsstopp bereits wieder geschlossen werden, zählen nicht zum Day-Trading, denn das war in der Regel nicht so geplant.

Innerhalb eines Handelstages kann es auch zu geplanten Halte-zeiten von wenigen Sekunden oder Minuten kommen, dann wird von Scalping gesprochen.

Swing-Trading

Eine Haltedauer von mehreren Tagen bis wenigen Wochen wird von Swing-Tradern verfolgt. Sie versuchen, in einem längerfristigen Trend die üblichen kürzeren Rücksetzer zu identifizieren und auszunutzen.

Positions-Trading

Läuft ein Trade absichtlich über mehrere Wochen oder gar Monate, sprechen wir vom Positions-Trading. Das Ausnutzen saisonaler Effekte oder auch Leerverkäufe von Aktien können zu dieser Strategie gehören.

Die Gewinnerwartung und das Risiko sind beim Positions-Trading am höchsten.

Trefferquote, Chancen-Risiko-Verhältnis, Profit-Faktor

Bevor ein guter Trader anfängt zu handeln, sucht er sich eine Strategie. Ein schlechter Trader fängt einfach an und handelt nur nach Bauchgefühl. Zur Strategiesuche bleiben ihm zunächst nur Muster aus der Markthistorie (beispielsweise Saisonalitäten, Charts), oder aktuelle Indikatoren (beispielsweise Marktstimmung, Umsätze), welche ihn zu einem Geschäft veranlassen. Hat er dann mehrere Trades umgesetzt, kommt die eigene Historie aus seiner Strategie hinzu und kaum etwas ist wertvoller und ehrlicher.

Doch wie beurteilt ein Trader eine Strategie?

Er schaut sich die mögliche oder historische **Trefferquote** einer Strategie an. Die Trefferquote errechnet sich aus Anzahl der Gewinnertrades geteilt durch die Anzahl der Verlierertrades. Die Quote allein hat keine Aussagekraft, denn wenn jemand in 99 Prozent der Fälle richtigliegt, macht das aus ihm keinen erfolgreichen Trader, wenn er in 1 Prozent der Fälle sein Portfolio komplett crasht. Wir brauchen somit noch etwas anderes.

Wir benötigen das Chance-Risiko-Verhältnis, kurz **CRV**, um einen Trade korrekt planen zu können. Der potenzielle Gewinn, geteilt durch den potenziellen Verlust, ergibt das CRV. Das Besondere am CRV ist, dass Sie den potenziellen Verlust selbst in der Hand haben. Sie können mit Stoppkursen den Verlust festlegen.

CRV und Trefferquote beeinflussen sich leider gegenseitig im negativen Sinne.

Nehmen wir an, Sie kaufen Discount-Calls auf einen Index, der 20 Prozent über dem Cap notiert und der Schein hat noch ein halbes Jahr Restlaufzeit. Bleibt der Index über dem Cap, bekommen Sie die Maximalauszahlung. Gibt es einen Crash und der Index fällt sogar unter den Basiswert, so ist Ihr kompletter Einsatz weg. Die Trefferquote liegt bei 90 Prozent oder 95 Prozent, denn einen 20-Prozent-Crash gibt es alle paar Jahre. Zu gewinnen gibt es wenig, vielleicht 10 Prozent vom Einsatz, der potenzielle Verlust liegt bei 100 Prozent.

Setzen Sie einen Stopp, der bei einem Kursverlust des Scheins (nicht vom Index!) von 20 Prozent ausgelöst wird, steigt Ihr CRV von 0,1 (10/100) auf 0,5 (10/20).

Ihre Trefferquote geht jedoch von 95 auf vielleicht 70 Prozent zurück, denn die Anzahl der ausgestoppten Trades gesellt sich zu der Anzahl der Verlierertrades dazu. Da hilft es auch nicht, wenn der Index am Ende doch nicht 20 Prozent fällt und Sie eigentlich richtiglagen.

Was sind gute Trefferquoten und CRVs?

Beide Zahlen gehören zusammen. Eine Trefferquote von über 50 Prozent ist gut und ein CRV deutlich über 1 ebenso. Ist das CRV nahe 2, kann die Trefferquote auch mit 40 Prozent gut sein.

Kleines Rechenbeispiel: Wir haben einen Trade, mit dem ich 500 Euro gewinnen und 250 Euro verlieren kann. Er hat ein CRV von 2. Gehen wir von 40 Prozent Trefferquote aus, so haben wir (0,4 x 500) - (0,6 x 250) = 50 Euro Gewinn. Hätten wir nur 30 Prozent Trefferquote, wären wir im Verlustbereich.

Sicher planbar ist häufig nur der Verlust (Ausnahme Slippage, dazu kommen wir gleich noch). Die Chance ist eine Schätzung von Gewinnen. Realisierte Gewinne können höher oder niedriger sein.

Die Wahrheit verrät uns der **Profitfaktor**: die Summe der realisierten Gewinne geteilt durch die Summe der realisierten Verluste. Es ist eine Abrechnung schwarz auf weiß und zeigt, wie viele Euros wir pro investierten Euro verdient haben. Doch auch hier müssen Sie aufpassen, wenn Sie von Strategien lesen und der Profitfaktor angegeben ist.

Es kommt auf die Periode oder noch besser auf die Häufigkeit der Trades an. Ein Profitfaktor von 1,5 am Ende eines Tages klingt gut, es wird aber Tage geben, da geht alles schief und starke Verluste treten ein, denn Sie werden keine 100 Prozent Trefferquote haben. Haben Sie mit einer Strategie einen Profitfaktor von 1,5 nach einem Jahr, in der sie mehrfach Anwendung gefunden hat, ist sie wesentlich realistischer als erfolgreich zu bewerten. Ein Jahr kann jedoch manchmal nicht reichen, insbesondere wenn es keine Day-Trading-Strategie ist.

Es gibt Jahre, an denen die Börse seitwärts geht, es gibt Crashzeiten oder auch Perioden mit anhaltend steigenden Kursen. Eine Strategie, die alle Zeiten durchgemacht hat, hat den aussagekräftigsten Profitfaktor.

Bestes Beispiel sind Prämiensammel-Strategien. Als Privatanleger könnten Sie Discount-Optionsscheine kaufen, die tief im Geld sind und noch 10 Prozent jährliche Seitwärtsrendite abwerfen. Der Profitfaktor wird vielleicht bei 1,08 liegen (nicht 1,1, da Sie noch Transaktionskosten haben) und das über Jahre. Irgendwann geht es aber schief und die große Frage ist, ob danach der Profitfaktor noch über 1 ist.

Damit sind wir bei weiteren Kennzahlen.

Drawdown, Slippage und Signalhäufigkeit

Es gibt Tage an der Börse, da gelten scheinbar keine Regeln. Da fällt einfach alles. Es sinken die Preise von Aktien, Rohstoffen und Renten, obwohl letztere eher steigen, wenn Aktienmärkte fallen. Viele Strategien funktionieren eventuell an verrückten Tagen nicht, denn die meisten wurden für normale Märkte entwickelt.

Fahren Sie eine Strategie ohne Stoppkurs, sollten Sie ein Gefühl haben, wie stark ein Markt gegen Sie laufen kann. Es kann jedoch nur ein Gefühl, abgeleitet aus der Historie sein. Eine Garantie für die Zukunft ist es ohnehin nicht. Die Differenz zwischen schlechtmöglichsten Einstieg- und Ausstiegszeitpunkt nennt man **Drawdown**. Es ist somit der Super-GAU oder Worst Case. Liegt Ihnen eine Analyse einer Handelsstrategie vor und der maximale Drawdown ist angegeben, überlegen Sie, was passiert, wenn der Verlust eintritt. Erleiden Sie dann einen Totalverlust oder zumindest einen Rückschlag, der nicht mehr aufzuholen ist? Denken Sie daran, dass wir einen 100-Prozent-Gewinn benötigen, um einen 50-Prozent-Verlust wieder aufzuholen.

Kein Problem, Sie werden immer Stoppkurse setzen? Vorsicht, wir kommen jetzt zu **Slippage**! Angenommen, Sie sehen gerade einen großartigen Kurs, der Ihr Einstiegspunkt werden soll. Sie drücken auf die Kauftaste mit dem Ziel, bestens und damit ohne Limit zu investieren. Wenn der ausgeführte Kurs am Ende vom geplanten Einstieg abweicht, sprechen wir von Slippage. Das ist ein Problem, wenn Sie eine Strategie historisch begutachten wollen, denn die Historie kennt kein Slippage. Es kann maximal geschätzt werden, wobei hier relativiert werden muss. Slippage kann für oder gegen mich laufen und sich möglicherweise ausgleichen.

Das ungleich größere Problem vom Slippage ist der Stoppkurs. Der Stoppkurs ist ein Trigger, an dem eine Order ausgelöst wird und kein garantierter Ausstieg. Zwei gefährliche Szenarien müssen wir im Auge behalten.

Ein heftiger Kursrutsch wie 2014 beim Sturz EUR/CHF kann von einer Sekunde auf die andere kommen. Dieser war so schnell, dass CFD-Nutzer zwar Stoppkurse hatten, diese jedoch zu einem Ausführungskurs führten, der massive Verluste zur Folge hatte.

Das **Gap-Problem**, also eine starke Differenz zwischen Schluss-kurs des Vortages und Eröffnungskurs des Folgetages, kommt nicht selten vor. Falls Ihr Stoppkurs genau innerhalb dieser Differenz liegt, wird der Slippage-Effekt besonders hoch sein.

Zum Abschluss der Strategiekennziffern benötigen wir die Signalhäufigkeit, also die Anzahl der Trades, die wir in einer Zeitperiode machten, weil ein Einstiegssignal gefallen ist. Je höher sie ist, desto aussagekräftiger sind Profitfaktor und Drawdown.

Wie häufig ein Signal fallen kann, hängt von der Art der Strategie ab und damit sind wir beim letzten Punkt vom kleinen Einmaleins der Trading-Strategien.

Basis für Strategie-Signale

Technische Analyse

Die technische Analyse ist die Suche nach Trends anhand historischer Kurse oder aktueller Indikatoren (beispielsweise Handelsvolumen). Wurde der Trend gefunden, egal, ob er auf aufwärts, abwärts oder seitwärts laufende Kurse hindeutet, wird versucht, davon zu profitieren. Manchmal für Sekunden, es sind aber auch Monate oder Jahre möglich.

Klassisch für die technische Analyse ist die **Charttechnik**, bei der Kursmuster gesucht werden, die Widerstand oder Unterstützung in die ein oder andere Richtung versprechen. Obwohl der Markt theoretisch in jeder Sekunde alle Informationen aus der Vergangenheit einpreist (dazu gehören auch Charts) und Charttechnik somit nicht funktionieren dürfte, sind einige Trader damit sehr erfolgreich. Das liegt zum einen daran, dass der Markt neue Informationen verarbeiten muss (also nicht sekündlich alles einpreist) und zum anderen, dass kein Computer dieser Welt zuverlässig Chartanalysen betreiben kann. Die Interpretation von Charts ist Ansichtssache und eine Kunst. Die Schulter-Kopf-Schulter-Formation gehört zu den berühmtesten Chartbildern, die eine Trendwende ankündigen. Doch wenn Sie sich Charts in unterschiedlichen Zeiträumen (Minuten, Stunden, Tagesbasis) anschauen, werden Sie permanent Muster finden, in die Sie diese Formation hineininterpretieren können.

Es ist harte Arbeit, viel Übung und es ist mit dem Lesen eines Buches wie „Die Technische Analyse der Finanzmärkte" von Murphy allein nicht getan.

Technischen Indikatoren wie Umsätze oder gleitende Durchschnitte (englisch: moving average) sind eindeutiger zu interpretieren. Hier können Computer unterstützen, denn zu erkennen, dass ein Kurs unter die 200-Tage-Linie fällt, ist nicht schwer. Trends setzen sich in der Regel fort, sodass eine Trefferquote von über 50 Prozent wahrscheinlich ist, wenn man ihnen folgt. Ob ein 200-Tage-Trend oder 34-Tage-Trend aussagekräftiger für den weiteren Kursverlauf ist, kann jedoch niemand sicher sagen.

Sentimentanalyse

Wenn 80 Prozent der Trader Verluste machen, also im Schnitt mit ihrer Prognose danebenliegen und nur 20 Prozent Gewinne erzielen, dann könnte man aus dieser Statistik doch Geld machen, oder?

Dann müsste man nur noch zuverlässig die Gefühlslage der Börsianer kennen und gegen sie wetten. Die Gefühlslage nennt man **Sentiment**.

Wenn alle der Meinung sind, dass Aktien kurzfristig fallen werden, werden sich auch alle positionieren. Das heißt, sie haben ihre Aktien verkauft oder Sicherungen mit Derivaten abgeschlossen. Sollten alle bereits ihre Aktien verkauft haben, wer soll denn jetzt noch die Kurse zum Fallen bringen? Dafür müsste es noch jemanden geben, der von Optimismus auf Pessimismus wechselt und Verkaufsdruck auslöst. Die Aktien können nur noch steigen.

Es mag zu einfach klingen, aber da es kaum jemand wagt, sich gegen den Markt zu stellen, funktioniert es immer wieder. Der Knackpunkt ist das zuverlässige Messen der Marktstimmung, aber es gibt Wege. Ein paar kann ich aufführen:

1. Die Bildzeitung berichtet vom Börsencrash oder Allzeithoch.

2. Freunde und Kollegen äußern sich zuversichtlich zur zukünftigen Marktentwicklung und es ist die gleiche Tendenz. Denken Sie an die 80 Prozent!

3. Finanzportale wie boerse.de, onvista.de oder finanzen.net berichten von stark positiver oder negativer Stimmung.

4. Der Fondsmanager sentix befragt jede Woche Investoren nach ihrer Stimmung. Wer an der Umfrage teilnimmt, bekommt auch die Ergebnisse der anderen mitgeteilt.

5. Put-/Call-Verhältnis der institutionellen Anleger: Kaufen mehr Börsianer Puts als Calls, ist die Ziffer größer als 1 (Anzahl Puts werden durch Anzahl Calls geteilt) und die Stimmung ist negativ. Derivatebörsen wie die Eurex veröffentlichen diese Zahlen.

6. Euwax Sentiment: Hier werden die Optionsscheine der Pri-

vatanleger zur Berechnung genommen. Ist das Sentiment negativ, wurden mehr Puts gekauft. Die Euwax als Börse für Privatanleger veröffentlicht diese Zahlen.

7. Geheimtipp: Es gibt CFD-Anbieter, die veröffentlichen, wie viel Prozent ihrer Kunden aktuell einen Wert kaufen oder verkaufen. Dabei gilt zu beachten: Sie wissen nicht, wie viele Kunden es sind und die Datenlage ist bei Weitem nicht so zuverlässig wie ein Put/Call-Verhältnis einer Börse. Das sieht man daran, dass die Börsenzahlen sich viel schneller aktualisieren als die Daten der CFD-Anbieter.

Extra-Tipp: In meinem kostenlosen Newsletter weise ich auf diese potenziellen Börsenwendepunkte oder befürchtete Crashs hin, die dann doch nicht kommen. Dann brauchen Sie die sieben Punkte nicht selbst zu analysieren. 2023 lag ich mit jeder Indexprognose richtig. Schauen Sie vorbei: https://mariso-akademie.de/mariso-akademie-borsennewsletter

Sich gegen die Masse zu stellen, ist psychologisch schwer. Stellen Sie sich vor, alle Ihre Freunde sagen, dass der Markt fällt, Sie kaufen dennoch und es geht schief. Eine Trefferquote von 100 Prozent gibt es auch hier nicht. Gegen den Markt zu handeln und daneben zu liegen, ist für viele schlimmer, als mit dem Markt gemeinsam unterzugehen. Wenn die Mehrheit kurzfristig recht hat und man selbst nicht investiert war, ist das auch unangenehm oder wie Wilhelm Busch sagte: „Der Gewinn anderer wird fast wie ein Verlust empfunden".

Diese Strategie werden Sie nicht mit einem Demokonto testen können. Das ist wie Pokern mit Spielgeld. Es ist nicht dasselbe.

Zusätzlich ist das Sentiment kein punktgenauer Indikator, wann

Sie long oder short mit Hebelprodukten gehen sollten. Ist der Markt in einer extremen Stimmung, kann er auch einfach nur seitwärts laufen, bevor er eine Trendumkehr startet. Eine überraschende fundamentale Information kann dazu alles noch schlimmer oder besser machen. Das Risiko gilt für alle Signale. Wenn Sie überlegen, etwas aus Ihrem konservativen ETF-Sparplan zu entnehmen, weil er stark im Plus ist und Sie das Geld in der nächsten Zeit vielleicht brauchen können, kann das Sentiment helfen. Ist es sehr positiv, könnte zum Ausstieg ein guter Zeitpunkt sein, dann ist es auch nicht schlimm, wenn der Markt noch ein paar Monate weiter steigt, bevor er wirklich kippt.

Ich selbst habe immer eine Cash-Reserve zum Investieren. Die liegt teilweise Jahre ungenutzt (und ohne Renditeabwurf) herum. Wenn die Börse crasht und die Stimmung auf dem Nullpunkt ist, kaufe ich. Nie an einem Stück, denn das Ende eines Bärenmarktes kann auch ich nicht vorhersagen. Das kann niemand, auch technische Analysten nicht. Aber wer sich traut, bei mieser Börsenstimmung nachzukaufen, hat die besten Chancen, den Markt zu schlagen.

Saisonale Analyse

Trading ohne Chart und Sentiment. Ja, das geht, wenn Sie saisonale Effekte an der Börse ausnutzen möchten. Die Jahresendrallye ist vielleicht der berühmteste Effekt, da er medial jeden Dezember förmlich herbeibeschworen wird. Die Saison für einen ständig wiederkehrenden Effekt kann auch einen Tag lang gehen. Aktienmärkte steigen am stärksten an Dienstagen oder Donnerstagen. Handeln Sie nach solchen Statistiken, brauchen Sie keinen Chart, können ihn aber unterstützend anwenden.

Saisonale Trades sind am einfachsten umzusetzen. Deshalb habe ich meinen Schwerpunkt im nächsten Teilkapitel auf Saisonalitäten gesetzt, da ich dieses Buch für Einsteiger geschrieben habe.

Mögliche Trading-Strategien

Jetzt steigen wir tief in die Praxis ein und ich muss hier noch einmal ausdrücklich darauf hinweisen, dass ich keine Anlageempfehlung dafür gebe. Ich zeige Ihnen den Produkteinsatz zu Strategien, die ich mir nicht selbst ausgedacht habe und deren Erfolg in der Zukunft fraglich sind. Ob das Hebelprodukt an der Stelle das Richtige ist, kann ich auch nicht garantieren.

Bei den Analysen habe ich unter anderem das Buch „Einfach Geld verdienen und an der Börse reich werden" von André Stagge als Grundlage genommen. Dass es einfach ist, Geld zu verdienen, würde ich nicht unterschreiben, aber die Strategien sind in der Tat leicht zu verstehen. Die Strategien sind alle fundamental begründet und über einem Zeitraum getestet, in dem die Börse Hochs und Tiefs hatte.

Die Weihnachtsrallye und der Sell-in-May sind nicht aus dem Buch, aber diese zwei Phänomene werden regelmäßig in den Medien aufgeführt.

Goldrush – Goldkauf am Freitag

Ein saisonaler Effekt, der jede Woche auftritt, ist die Überrendite von Gold am Freitag. Kurz: Freitag steigt Gold historisch gesehen am zuverlässigsten.

Es gibt fast jeden Tag Nachrichten, die den Goldpreis beeinflussen, im positiven wie negativem Sinne. Negative Nachrichten machen auch vor Freitagen nicht Halt und können dem Gold empfindlich zusetzen. Wenn die goldverarbeitende Industrie aber freitags Gold kauft, es am Wochenende transportieren lässt und montags verarbeitet, gibt es Ende der Woche zuverlässige Käufer, denen der Rest des Finanzmarktes egal ist. Das ist der fundamentale Hintergrund dieser Strategie.

Die aktuelle Nachrichtenlage wird immer stärker auf den Goldpreis wirken, jedoch haben die Industriekäufe langfristig einen positiven Effekt.

Dieser Effekt führt laut André Stagge zu einer Trefferquote von 57 Prozent und einem Profitfaktor von 1,37 Prozent über 16 Jahre. 37 Prozent Gesamtrendite klingt gut, doch auf das Jahr gesehen sind es 2,65 Prozent. Die Rendite geht von einem halben Dollar Spread und ohne Transaktionskosten aus, was später noch wichtig werden wird.

Der Aktienmarkt wirft im Schnitt mehr Rendite ab, ohne dass Sie dauernd handeln müssten. Eine Rendite, die unabhängig von Aktien oder Zinsentwicklungen zu erwirtschaften ist, kann jedoch im wahrsten Sinne des Wortes Gold wert sein. Da wir Hebelprodukte zur Verfügung haben, können wir auch aus 2,65 Prozent einen lukrativen Trading-Plan machen.

Grundsätzliches

Der Einstieg soll donnerstags kurz vor 22 Uhr erfolgen. Freitagmorgen ist es zu spät, da wir das Asiengeschäft verpassen würden. Wir brauchen also ein Produkt, das um diese Uhrzeit auch handelbar und liquide ist.

André Stagge sieht keinen Stopp-Loss vor, in der Hinsicht wäre ich vorsichtiger. Ein Stopp-Loss kann jedoch dazu führen, dass ich durch einen zu frühen Ausstieg eine positive Rendite verpasse, weil das Gold doch noch gestiegen ist. Deshalb wird mit Stopp-Loss die Trefferquote niedriger sein. Der Profitfaktor muss deswegen nicht zwangsläufig sinken.

Der Ausstieg erfolgt am Freitagabend gegen 22 Uhr, sofern nicht ein Stopp-Loss-Ereignis stattgefunden hat.

Produkt

Man könnte ETCs, Zertifikate oder CFDs nutzen. Der Handel von ETCs und Zertifikaten wird nach 20 Uhr schwierig, das müsste direkt über dem Emittenten laufen, was die Kosten nicht unbedingt niedriger macht.

Kosten sind ein gutes Stichwort: Kauf und Verkauf abhängig vom Broker und dem Orderweg können 20-30 Euro allein an Ordergebühren die Woche ausmachen, außer Ihr Broker hat eine besondere Aktion. Dazu kommt noch der Spread. Wenn Sie das auf das Jahr hochrechnen, kommen wir in eine Dimension, in der Ihre Strategie zum Verlust führt, selbst wenn der Basiswert mitspielt.

Ihnen bleibt gar nichts anderes übrig, als CFDs zu nutzen. Sie brauchen einen Anbieter, der keine Transaktionsgebühren für Gold nimmt und einen Spread von maximal 0,5 USD hat. Es gibt einige Anbieter, die diese Konditionen vorweisen. Die Finanzierungskosten dürfen wir auch nicht vergessen, da wir die Position über eine Nacht halten.

Der Einsatz

Wir betrachten nur noch die CFDs, da die Transaktionskosten für Wertpapiere zu groß sind. Wir kalkulieren mit Hebel 20 (also 5 Prozent Sicherheitshinterlegung) und rechnen exemplarisch mit Finanzierungskosten in Höhe von 3,5 Prozent. Für die Berechnung gehen wir von einem Goldpreis in Höhe von 2.000 Dollar aus.

Wenn wir 2.000 Dollar investieren, müssen wir 100 Dollar als Sicherheit hinterlegen (2.000 geteilt durch 20). Der Betrag wird in Euro umgerechnet, sofern wir unser Konto nicht in Dollar führen.

Steigt Gold um 50 Dollar, werden Ihrem Trading-Konto 50 Dollar gutgeschrieben, fällt es um 110 Dollar, verlieren Sie diese auch. Ihre Sicherheitsleistung bleibt, diese ist nicht für die Begleichung der Verluste da!

Die Finanzierungskosten für eine 2.000-Dollar-Investition liegen bei 19,44 US-Cent pro Nacht (Rechnung 2.000 x 0,035 / 360).

Der erwartete jährliche Gewinn von 40-50 Dollar wird vermutlich niemanden beeindrucken, gerade weil wir auch ein Verlustrisiko und kein Tagesgeld haben. Gemessen an dem, was Sie an Geld dafür auf das Trading-Konto einzahlen mussten, sind es vielleicht 10-15 Prozent Rendite! Und hier sehen Sie die Macht des Hebels.

Auf Ihrem CFD-Konto werden Sie für den Mindesteinsatz nur wenige hundert Euro brauchen. Wollen Sie mehr investieren, können Sie meine Zahlungen hochskalieren. Doch dann sind wir bereits beim Thema Money-Management, was ich später noch aufgreifen werde, genau wie das Setzen eines Stoppkurses.

Turn-of-the-Month-Effekt

Wir steigern jetzt unsere Haltedauer und kommen zu einem saisonalen Effekt, dessen Kraft selbst reine ETF-Sparer kennen sollten. Um den Monatswechsel herum gibt es eine Überrendite auf dem Aktienmarkt, die so leicht zu erklären ist, dass sie bei vielen einen Aha-Effekt auslösen sollte.

Die meisten Fonds- oder ETF-Sparpläne werden am Monatsersten ausgeführt. Der Liquiditätsüberschuss zum Monatswechsel muss bei Fonds reinvestiert werden. Bei ETFs sofort, bei klassischen Fonds zumindest zeitnah, denn der Anteil von Cash am Fondsvermögen darf häufig nicht zu hoch sein. Der Fondsanleger möchte, dass sein Geld auch investiert ist. Die Fondsmanager fangen somit an, ihre monatlich sicheren Cash-Zuflüsse vor dem Monatsende zu investieren und sind damit ein paar Tage nach dem Monatsersten fertig.

Dieser stetige Zustrom an Geld, welcher eine erhöhte Nachfrage nach Aktien um den Monatswechsel auslöst, wird Monatsultimo (oder auch englisch: turn of the month effect) genannt. André Stagge testete eine Strategie, mit der er fünf Tage vor dem Monatswechsel den S&P 500 kaufte und fünf Tage nach dem Monatsersten verkaufte. Lagen die eigentlichen Handelszeitpunkte auf einem Feiertag, so fand der Einstieg am darauffolgenden Handelstag und der Ausstieg am Handelstag davor statt. Es kann somit eine maximale Haltedauer von zehn Tagen geben. In den Monaten Juli, August und September setzte er die Strategie aus, da es saisonal die schwächsten Handelsmonate sind.

Das Ergebnis ist eine Trefferquote von 66 Prozent und ein Profit-faktor von 2,03 auf 16 Jahre gerechnet. Es wurden keine Transaktionskosten, jedoch ein Spread von 0,5 Punkten berücksichtigt.

4,5 Prozent Rendite pro Jahr, jedoch mit fast 90 Tagen vollem Aktienrisiko. Kritiker würden darauf hinweisen, dass eine Ganzjahresinvestition durchschnittlich 6-8 Prozent bringt und weniger Kosten verursacht. Doch wir versuchen auch hier, uns einen Trading-Plan zu überlegen.

Unabhängig davon sollte jeder darüber nachdenken, ob er seinen Sparplan zukünftig nicht lieber zur Monatsmitte ausführen sollte. Egal ob Sie nach dem Lesen des Buches Hebelprodukte kaufen – mit diesem Tipp allein können Sie als ETF-Sparer möglichweise den Kaufpreis dieses Buches 100- bis 1000-mal wieder reinholen. Es hängt jedoch davon ab, wie lange Ihr Sparplan läuft, wie viel Sie investieren und wie lange der Effekt zum Monatswechsel noch existiert.

Grundsätzliches

Wir öffnen und schließen neunmal im Jahr unseren Trade, es sind somit 18 Transaktionen nötig. Wir müssten mit ETFs 200-500 Euro Transaktionskosten bezahlen, eine Abbildung mit diesem Produkt ist somit nicht lukrativ. Mit Hebelzertifikaten sieht es besser aus, wir sollten jedoch bedenken, dass wir keine heftigen Bewegungen erwarten können, nur weil Monatsultimo ist. Der Effekt, den ich beschreibe, kann für langfristige Überrenditen sorgen, weil einfach mehr Kaufinteresse um den Monatswechsel da ist. Ich muss so günstig und geplant wie möglich agieren. Planbar heißt, wenn ein Index X Punkte steigt, möchte ich auch die adäquate Auszahlung durch mein Hebelprodukt haben.

Produkt

Kaufen Sie einen Optionsschein, kann die Volatilität, welche vielleicht sinkt, den Schein weniger wert werden lassen. Das Bittere ist, dass die Volatilität mit ruhig steigenden Märkten sinkt, also genau das, was Sie geplant haben.

Wir kommen auch hier nicht um CFDs herum, wenn auch die zehn Tage eine ungewöhnlich lange Haltedauer sind. Deshalb rechnen wir wieder genau. Transaktionskosten sollte es nur in Form von Spreads geben.

Der Einsatz

Wir nehmen den S&P 500 und gehen von einem Punktestand von 4.000 Punkten aus. Die Finanzierungskosten kalkulieren wir exemplarisch mit 3,5 Prozent und Hebel 20. Wir müssen 200 USD hinterlegen. Es gibt Anbieter, die ein Bezugsverhältnis von 1:10 einbauen, sodass auch 20 USD möglich sind. Wir bleiben bei 200 USD in unserem Beispiel.

Der Einstiegszeitpunkt ist schwierig, da wir einen ganzen Tag zur Auswahl haben. Auch wenn der Einstiegszeitpunkt am Tag vielleicht schon über Erfolg oder Misserfolg der kompletten Strategie entscheiden kann, versuchen Sie immer den gleichen Zeitpunkt jeden Monat zu nehmen, beispielsweise 15 Uhr. Es wird Monate geben, da ist das gut und Monate, da ist das schlecht. Es ist eine 50:50-Chance und auf lange Sicht wird es sich ausgleichen. Versuchen Sie nach Bauchgefühl die richtige Einstiegszeit zu bestimmen, werden Sie wahrscheinlich zu den 80 Prozent gehören, die damit meistens danebenliegen.

Die Finanzierungskosten für zehn Kalendertage (das Wochenende zählt mit!) bei einer 4.000-Dollar-Investition liegen bei 3,88 Dollar. Bei neun Trades im Jahr sind es 35 Dollar.

Für den Ausstiegszeitpunkt sollten Sie wieder eine feste Uhrzeit planen.

Machen Sie im Durchschnitt 20 Punkte im S&P 500 pro Monatswechsel gut, verdienen Sie pro Trade 20 Dollar, also 180 Dollar im Jahr.

Bei einer Haltedauer von zehn Tagen steigt jedoch das Risiko, auch mal in eine Abwärtsbewegung zu geraten.

Stoppkurs und Einsatz werden auch hier wieder wichtig. Im Kapitel Risiko- und Money-Management werden wir das separat behandeln.

Turnaround Tuesday

Wenn Freitag und am darauffolgenden Montag die Kurse stark fallen, kommt am Dienstag meistens die Gegenbewegung. Das ist der Turnaround Tuesday in einem Satz. Da hier Wochentage im Spiel sind, kann man wieder von einer saisonalen Strategie sprechen, doch der Grund für diesen Effekt liegt am Sentiment.

Freitag verkaufen Institutionelle in der Regel, wenn Unsicherheit im Markt ist. Wer möchte gerne über das Wochenende eine Long-Position halten und montags mit einem negativen Gap (Kursdifferenz Freitagsschlusskurs zu Montagseröffnungskurs) aufwachen? Montags fangen dann diejenigen an zu verkaufen, die erst am Wochenende vom Kurssturz erfahren oder die Ereignisse rekapituliert haben. Vielleicht haben Zeitungsberichte, Podcasts oder Videokanäle durchgehend negativ berichtet und

Angst gemacht. Häufig sind es Privatanleger, es können jedoch auch Fondsmanager sein, die von ihren Geldgebern den Auftrag erhalten haben, Absicherungen zu fahren. Montagabend ist der letzte Verkaufswillige dann short. Solange keine noch negativere Überraschungsnachricht um die Welt geht, erfolgt nicht selten dienstags am Markt die Gegenbewegung nach oben.

Doch wann haben wir einen Kurssturz, der auf Verkaufspanik beruht? Wenn von Montag bis Donnerstag der Markt 12 Prozent gestiegen ist, wird niemand vom Kurssturz sprechen, sollte die Börse am Freitag 4 Prozent nachgeben. Dann ist von einer überfälligen Korrektur die Rede und am Montag ist die Welt wieder in Ordnung.

Wenn alles fällt, Aktien, Renten und Rohstoffe, dann haben wir viel wahrscheinlicher eine Verkaufspanik. Ein Backtest, mit der eine Turnaround Tuesday-Strategie in der Historie ausgewertet wird, ist nicht einfach. André Stagge hat es mit dem DAX trotzdem getan und sich technischer Indikatoren wie der 34-Tage-Linie bedient. Also ein einfach gleitendender Durchschnitt auf Basis der historischen DAX-Schlusskurse. Die Trefferquote über 16 Jahre lag bei 62 Prozent und der Profitfaktor bei 1,74.

Grundsätzliches

Es geht hier nicht nur um ein paar Indexpunkte, die über Jahre angesammelt werden. Es geht um Marktbewegungen von mehreren Prozenten. Damit sind Transaktionskosten vernachlässigbar.

Heftige Kursabwärtsbewegungen gehen nahezu immer mit einem starken Anstieg der Volatilität einher. Wir sind maximal 24 Stunden im Markt, das müssen wir bei der Produktauswahl berücksichtigen.

Produkte

Wir könnten jetzt sogar einen ETF nutzen, doch wir wollen uns auf die Hebelprodukte konzentrieren.

Die Volatilität ist hoch, das heißt, Optionsscheine sind teuer. Geht die Wette auf und der Markt steigt am Dienstag, geht die Volatilität zurück. Ein gekaufter Call gewinnt zwar an innerem Wert, die zurückgehende Volatilität senkt seinen Preis.

Der Discount-Optionsschein, der am Geld ist, kann hier die bessere Alternative sein. Starke Volatilität macht ihn billig. Wenn wir kaufen und sich die Märkte beruhigen, läuft das gut für uns, weil der Schein teurer wird. Ein steigender innerer Wert und ein abnehmender Discount – eine gute Aussicht!

Fällt der Markt doch noch weiter, machen wir Verluste, jedoch etwas abgebremst, wenn die Volatilität noch weiter ansteigt.

Wo ist der Haken? Steigt der Markt kräftig, lässt die Hebelwirkung schnell nach. In den heftigsten Marktphasen haben wir Gegenbewegungen von fünf Prozent oder mehr in den Indizes an Dienstagen gehabt. Die Delta-1-Produkte sind in dem Fall unschlagbar.

Knock-out-Zertifikate und CFDs sind hier überlegenswert. Bei CFDs sind die Kosten geringer und sie stoppen dort aus, wo der Nutzer es bestimmt, solange der Markt nicht durchrauscht. Bei Knock-out-Zertifikaten werden Sie den Wert des Zertifikates durch Berühren der KO-Schwelle verlieren. Wenn das Risiko des Totalverlustes des Zertifikats von Anfang an von Ihnen einkalkuliert und tragbar ist, kann das Teil Ihres Risiko- und Money-Managements sein.

Einsatz

Wie viel ein Trader setzt, muss er im Rahmen des Money-Managements für sich im Vorfeld bestimmen. Ihm muss klar sein, dass er zwar nur 24 Stunden im Markt, die Börse aber volatil ist und innerhalb von Stunden oder Minuten Bewegungen machen kann, die sonst innerhalb einer Woche auftreten.

Als Einstiegszeitpunkt bietet sich der Montagabend um 17:30 Uhr an, wenn Europas Märkte schließen. Die Entscheidung, sich wirklich gegen den Markt zu stellen, ist nicht leicht und die Sentiment-Barometer (Put/Call-Ratio oder Daten der CFD-Anbieter) sollten dabei helfen können. Die Barometer helfen mir auch bei der Entscheidung, welchen Aktienindex ich für meinen Trade nehme. Häufig ist es der Index, den es prozentual am Freitag und Montag am schlimmsten mit Kursverlusten erwischt hat.

Klappt es mit der Gegenbewegung, so ist eine Teilsicherung am Dienstag denkbar, vor allem, wenn das Sentiment-Barometer schon wieder dreht. 17:30 Uhr sollte die volle Position geschlossen sein, um die Turnaround-Tuesday-Strategie abzuschließen.

Damit verlassen wir die exemplarischen Trading-Strategien und wenden uns möglichen Investitionsstrategien zu.

Mögliche Investitionsstrategien

Die Investitionsstrategien, welche ich hier vorstellen werde, haben eine Haltedauer von mindestens einem Monat. Das unterscheidet sie vom Trading. Auch hier gibt es von mir die Warnung, dass es keine Anlageempfehlungen sind. Ich habe bewusst Strategien gewählt, welche unter den Börsianern als Allgemeinwissen gelten und immer wieder gerne in den Medien aufgegriffen werden. Es handelt sich hier um saisonale Strategien. Der britische Asset-Manager Schroders hat dafür die Märkte von 1987-2018 untersucht und Folgendes festgestellt:

Dezember, April und Oktober sind historisch die besten Monate, also die Monate, in denen die Börse sich besser als der Jahresdurchschnitt entwickelt. Juni, August und September sind die schwächsten Monate. Das heißt nicht, dass es in den starken Monaten immer zu Börsengewinnen kommt und in den schwachen Monaten grundsätzlich die Kurse fallen. Der stärkste Monat Dezember hat in knapp 80 Prozent der Fälle positive Renditen und der Juni 36 Prozent. Übrigens, kurz vor Fertigstellung der ersten Auflage dieses Buches (Oktober 2022) habe ich feststellen dürfen, dass Juni, August und September tatsächlich im laufenden Jahr wieder sehr schwach waren.

Wer diese Strategien gehebelt verfolgen möchte, wird sich auch hier die Produktfrage stellen. Ich werde die vier Kernprodukte dieses Buches zu diesem Zweck analysieren, inwieweit sie zur Umsetzung geeignet sind.

Sell in May and go away

Wenn Anfang Mai die Börse runtergeht, ist in den Medien der berühmte Satz: „Sell in May and go away, but remember to come back in September" häufig zu hören.

Wenn die Urlaubszeit beginnt, werden weniger wichtige Firmenentscheidungen getroffen, die Liquidität ist gering und riskante Long-Positionen werden weniger häufig eingegangen.

Ob diese Überlegungen fundamental genug sind, muss jeder für sich selbst entscheiden. Wenn wir eine Handelsstrategie aufsetzen, sind wir sieben Monate im Markt.

Grundsätzliches

Sieben Monate sind eine sehr lange Zeit. Selbst wenn nach sieben Monaten ein Kursplus steht, werden Sie innerhalb dieser Zeit durch die Hölle gehen. Es kann im schlimmsten Fall zu einem Börsencrash kommen, aber auch wenn es diesen nicht gibt, wird es Verlustphasen geben.

Wir steigen um den 25. September ein und am 5. Mai wieder aus, um den Monatsultimoeffekt mitzunehmen.

Produkt

CFDs und Knock-out-Produkte haben hohe Finanzierungskosten, die sich bei sieben Monaten bemerkbar machen können. Dazu müssten wir aufgrund der langen Haltedauer einen sehr hohen Sicherheitspuffer haben, also einen Stoppkurs bei CFDs, der vielleicht 10-15 Prozent vom Einstieg entfernt ist oder einen Knock-out-Schein mit reichlich Abstand zur Knock-out-Barriere. Ein Knock-out-Schein, der viel Abstand zur Barriere hat, ist teuer und hat kaum Hebelwirkung. An der Stelle ergibt ein ETF mehr Sinn.

Der CFD mit einer 20er-Hebelwirkung kann Ihr Konto auch bei kleinen Einsätzen wegen der langen Laufzeit stark belasten.

Delta-1-Hebelprodukte bieten sich für diese Strategie nicht an, maximal ein ungehebelter ETF. Deshalb betrachten wir die Volatilitätszertifikate und fangen mit den Optionsscheinen an.

Optionsscheine können prinzipiell genutzt werden, sofern sie nicht zu teuer sind. Suchen Sie sich einen Optionsschein raus, der 9 Monate läuft und knapp am Geld ist. Dann schauen Sie sich unter Kennzahlen den „Break-even" an. Der Break-even zeigt Ihnen, auf welchem Niveau der Basiswert sich am Laufzeitende befinden muss, damit Sie zumindest keinen Verlust haben (Transaktionskosten nicht eingerechnet). Ist die Kennzahl nicht vorhanden, müssen Sie den notwendigen inneren Wert zum Laufzeitende selbst berechnen (dabei das Bezugsverhältnis nicht vergessen!). Die gängigen Finanzportale werden den Break-even aber ausweisen.

Stellen Sie fest, dass der Break-even kaum zu erreichen ist, selbst wenn der Markt zehn Prozent in den nächsten 9 Monaten steigt, lohnt sich der Optionsschein nicht.

Bleiben die Discount-Optionsscheine.

Zum Zeitpunkt der Bucherstellung habe ich mir exemplarisch einen Discount-Call auf den DAX rausgesucht, dessen Cap genau auf dem aktuellen Marktlevel war und neun Monate Laufzeit hatte. Der Preis lag bei 3,37 und die Maximalauszahlung bei 5 Euro. Die Maximalrendite lag somit bei 48 Prozent und dafür musste der DAX nicht mal steigen. Die Maximalrendite war eine Seitwärtsrendite. Unser Chancen-Risiko-Verhältnis war bei 0,48 (1,62 Gewinn geteilt durch 3,37 Risiko). Das klingt wenig attraktiv, doch wir benötigen die Trefferquote. Über die Höhe der Trefferquote lässt sich streiten. Sie ist von Markt zu Markt unterschiedlich und ändert sich jährlich. Eine Aussage für die Zukunft ist sie ohnehin nicht. Es gibt unzählige Presseberichte über das Phänomen, aber jeder misst anders. Nicht selten wird sogar nur der Mai gemessen, was völlig an der Strategie vorbeigeht. Es wird auch immer wieder darauf verwiesen, dass eine ganzjährige Investitionsdauer die Nase vorn hat, da im Sommer auch die Märkte langfristig gesehen steigen.

Unser Interesse ist allein eine hohe Trefferquote, wenn wir schon ein aussagekräftiges CRV haben. Dafür versuchen wir, jeden statistischen Vorteil zu nutzen und wenn wir einen Discount-Call kaufen, der bereits voll im Geld ist, muss der Markt nicht mal steigen! Es reicht, wenn er nach neun Monaten auf dem Ausgangslevel liegt, was unsere Trefferquote erheblich erhöht.

Das Risiko dieser Strategie ist völlig transparent. Es ist die volle Höhe Ihres Kaufpreises für den Call. Geht es schief, muss die nächsten zwei Jahre die Investition aufgehen, damit der Verlust wieder aufgeholt wird. Damit wir dauerhaft im Plus sind, werden wir eine Trefferquote von 70 Prozent brauchen, sofern das CRV bei 0,48 bleibt. Wie ich darauf komme? Die benötigte Trefferquote errechnet sich aus 1 / (1+CRV). Setzen wir das CRV von 0,48 ein, kommen wir auf 67 Prozent. Da wir noch Transaktionskosten haben, sollten wir aufrunden.

Da es lange dauert, bis ein Verlust wieder ausgeglichen ist, ist die Strategie für viele unattraktiv. Doch wer diesen saisonalen Effekt im Hinterkopf behält, kann sein eigenes Trading im kurzfristigeren Bereich verbessern. Wer die Trading-Strategie Turn-of-the-Month verfolgt, lässt sie beispielsweise im Juni/Juli/August ruhen, weil sie auf einer Long-Position beruht, die im Sommer historisch gesehen schlechter läuft.

Sehr ähnlich zur Sell-in-May-Strategie ist der Halloweeneffekt. Dieser Effekt zeigt eine Überrendite zwischen November und April und hat einen besonderen Charme. Die schlimmsten Börsencrashs, welche nicht durch Naturkatastrophen, Kriege oder Anschläge ausgelöst wurden, fanden häufig im Oktober statt. Ob das in Zukunft so sein wird, weiß niemand. Kaufen Sie Ende Oktober und verkaufen die Position Ende April, sind Sie nur sechs Monate im Risiko, haben aber auch nur einen Trade pro Jahr.

Weihnachtsrallye

Die Jahresendrallye ist vielleicht die berühmteste Kapitalmarktanomalie und auch unter dem Namen Weihnachts- oder Santa-Rallye bekannt. Sie zielt auf den historisch starken Aktienmarkt im Dezember ab, den sich niemand so recht erklären kann. Gute Stimmung und gestiegene Kauflaune um die Weihnachtszeit ist eine weitverbreitete Theorie. Ich selbst halte diese Begründung für sehr dürftig und habe einen anderen Verdacht: Im Dezember werden gerne die Top-Performer-Aktien des ablaufenden Jahres gekauft. Viele Fonds möchten diese zum Jahresende im Depot haben, damit sie im Jahresbericht auftauchen. Damit wird das Inventar mit Top-Performern schöner gemacht, jeder tut so, als ob er in dem Jahr auf die richtige Aktie gesetzt hat. Dieses „schöner machen" nennt man Window-Dressing und das ist ein eigener berühmter Effekt.

Was passiert mit den Aktienindizes, wenn die Top-Performer gekauft werden? Die Top-Performer sind in ihren Indizes häufig stark gewichtet und wenn sie steigen, so schiebt es den Markt nach oben.

Ob meine Hypothese wirklich stimmt, kann niemand sagen oder widerlegen. Das gilt für alle Kapitalmarktanomalien. Auch der April ist häufig ein starker Aktienmonat. Erklärt wird das damit, dass zu dieser Zeit häufig Steuerrückzahlungen kommen und diese in Aktien investiert werden. Oder kurz vor der Hauptversammlungssaison (Mai) wird für viel positive Nachrichten von den Unternehmen gesorgt. Vielleicht liegt es aber doch an der Stimmung und der Tatsache, dass im April häufig Ostern ist.

Grundsätzliches

Die Strategie läuft einen Monat. Da wir langsam auf der Zielgeraden sind und es Verfechter aller vier Produkte aus diesem Buch gibt, werde ich noch einmal alle anhand dieser Strategie vergleichen.

Produkte

Wir nehmen den DAX, damit wir es etwas leichter haben und keinen Wechselkurs beachten müssen und stellen uns vor, er steht bei 14.400 Punkten. Jetzt schauen wir uns CFDs, Knock-out-Zertifikat, Call und Discount-Call an.

Wir starten mit dem folgenden Discount-Call:

	Discount Call
Basispreis	13900
Cap	14400
Laufzeit	1 Monat
Seitwärtsrendite	37%
Preis	3,57 EUR
Maximale Auszahlung	5 EUR
Sicherheitspuffer	150 Punkte
CRV	0,4565
Benötigte Trefferquote	ca. 70%

Abbildung 4: Beispiel für Discount-Call

Gedanken dazu:

» Ich wähle einen Schein, dessen Cap genau am Marktlevel ist, weil mein Ziel damit präzise ist: Der Markt soll steigen oder seitwärts laufen.

» Um keine Zeitwert-Effekte zu haben, wähle ich eine Laufzeit von einem Monat, also genau das, was ich brauche.

» Wenn ich den Schein einfach bis zur Endfälligkeit laufen lasse, spare ich die Verkaufsgebühr. Der Emittent überweist mir den Wert am Laufzeitende.

» Der Markt kann in den nächsten vier Wochen 150 Punkte fallen, ohne dass ich einen Verlust am Ende habe.

» Wenn ich in mindestens 70 Prozent der Fälle richtigliege, wird die Strategie profitabel sein.

» Bei meinem Beispiel zu beachten: Die implizite Volatilität lag bei 21,8 Punkten im Volatilitätsindex VDAX-NEW. Es gab schläfrige Zeiten, da lag sie bei 11 und beim Corona-Crash hatten wir über 80 Punkte. Je niedriger die implizite Volatilität, desto geringer der Discount und die damit verbundene Rendite.

Als Nächstes schauen wir uns einen Optionsschein an:

	Klassischer Call
Basispreis	13900
Laufzeit	1 Monat
Preis	6,99
innerer Wert	5
Bezugsverhältnis	0,01
Omega	17
impl. Vola	21

Abbildung 5: Beispiel klassischer Call

Gedanken dazu:

» Ich wähle einen Schein, der schon 500 Punkte im Geld ist und einen inneren Wert von fünf Euro hat.

» Der DAX muss 200 Punkte steigen, damit ich mindestens den Kaufpreis von sieben Euro wiedererhalte, danach kann ich jedoch unbegrenzt gewinnen. Das Gewinnpotential ist somit nicht beschränkt.

» Den Zeitwert halte ich so niedrig wie möglich, deshalb habe ich einen Monat Laufzeit gewählt.

» Das Omega zeigt mir an, dass mein Optionsschein 17 Prozent steigt, wenn der Basiswert um ein Prozent steigt. Dies ist jedoch nur eine Momentaufnahme.

» Der Call kann nicht ausstoppen.

Jetzt gehen wir die Delta-1-Produkte durch und starten mit dem Knock-out-Schein:

	Knock-out-Zertifikat
Basispreis	13900
Laufzeit	1 Monat
Preis	5,29
Aufgeld	0,29
Bezugsverhältnis	0,01
Hebel	27

Abbildung 6: Beispiel KO-Zertifikat

Gedanken dazu:

» Der Basispreis ist gleichzeitig auch die Knock-out-Barriere.

» Es gibt unendlich laufende Zertifikate, ich habe eines mit fester Laufzeit genommen, damit sich mein Basispreis nicht durch Finanzierungskosten ändert.

» Der innere Wert liegt eigentlich bei fünf Euro (14.400 DAX-Stand abzüglich 13.900 Punkten Basispreis multipliziert mit dem Bezugsverhältnis). Dass wir 5,29 Euro zahlen müssen, liegt am Aufgeld. Die Gebühr schützt den Emittenten davor, dass er beim Berühren der Knock-out-Schwelle keinen Verlust macht und deckt Finanzierungskosten ab. Das Beispiel ist echt, den Schein gab es mit dieser Gebühr wirklich.

» Der Hebel von 27 ergibt sich aus dem aktuellen DAX-Stand (14.400) multipliziert mit dem Bezugsverhältnis und dividiert durch den Zertifikate-Preis. Steigt der Zertifikate-Preis, sinkt der Hebel.

» Fällt der DAX zwischenzeitlich auf 13.900 Punkte, ist mein Schein wertlos, egal ob es danach auf 15.000 Punkte hochgeht.

» Das Gewinnpotential ist nicht beschränkt.

Zum Schluss noch die CFDs:

	CFD
Basispreis / Einstieg	**14400**
Hebel	**20**
Sicherheitshinterlegung	**72**
Einheit	**0,1**

Abbildung 7: Beispiel CFD-Kontrakt

Gedanken dazu:

» Wir steigen zum aktuellen Marktpreis ein und hinterlegen 72 Euro, wenn wir 0,1 Einheiten kaufen. Sollte der Anbieter nur eine ganze Einheit zulassen, sind es 720 Euro.

» Fällt der Markt auf 13.900, haben wir einen Verlust von 50 Euro: 500 Punkte multipliziert mit 0,1. Wer es komplizierter rechnen möchte: Für 13.900 Punkte müssen wir 69,5 Euro hinterlegen. Für 14.400 Punkte waren es 72 Euro. 72 - 69,5 x Hebel 20 ist auch 50.

» Für einen Monat Haltedauer würden wir bei einem Finanzierungszins von 3,5 Prozent noch etwas mehr als 4 Euro Gebühren zahlen.

» Das Gewinnpotential ist nicht beschränkt.

Welches Produkt nehmen wir nun für einen Monat? Es gibt kein Richtig oder Falsch. Jedes Produkt hat seine Vorzüge. Der Discount-Call hat die größte Chance, überhaupt als Gewinnertrade zu enden, der CFD hat wegen seines gleichbleibenden Hebels das größte Gewinnpotential. Optionsscheine und Knock-out-Zertifikate eignen sich für die Risikobegrenzung etwas besser als CFDs, denn mehr als den Kaufpreis können Sie nicht verlieren. Das kann aber schon bitter genug sein, gerade wenn die Einsatzhöhe nicht vorsichtig genug gewählt wurde.

Fazit: Der richtige Zertifikate-Einsatz zu einer Strategie

Das perfekte Produkt zu jeder Strategie zu finden ist nicht leicht und am Ende ist es immer noch am wichtigsten, dass sich die Marktmeinung bestätigt. Ich fasse jetzt noch einmal die wichtigsten Erkenntnisse der Produktanalyse für den Einsatz von Trading-Strategien zusammen.

CFDs

Für sehr kurzfristige Trades, die ein geringes CRV haben, sind CFDs ein Muss. Sie haben mit Abstand die günstigsten Transaktionsgebühren. Oft sind die CFDs das einzige Produkt, mit denen sich Day-Trading-Strategien erfolgreich umsetzen können. Der große Nachteil an diesem Produkt ist, dass Verluste Ihr komplettes CFD-Guthaben angreifen. Selbst Stoppkurse können nicht davor schützen, wenn sich ein Markt zu heftig bewegt. Es gibt Broker, die mittlerweile garantierte Stopps anbieten, das ist sicher der erste Weg, um dieses Problem zu beheben. Dann haben Sie trotzdem noch das Emittenten-Risiko. Das haben Sie bei den anderen Produkten auch, doch ist es ein Unterschied, ob Ihr Trading-Guthaben in Höhe von 5.000 Euro beim Broker im Risiko ist, oder ob Sie ein Hebelzertifikat für 500 Euro gekauft haben. Bei Letzterem tragen Sie meistens ein geringeres Emittenten-Risiko.

Knock-out-Zertifikate

Für kurzfristige Trades sind sie geeignet, wenn Transaktionskosten und Ertrag im guten Verhältnis stehen. Investieren Sie 200 Euro und haben 25 Euro Kosten für Kauf und Verkauf, so starten Sie mit einem Verlust von über 10 Prozent, bezogen auf Ihren Einsatz. Bei 2.000 Euro Einsatz werden die Transaktionskosten im Verhältnis sinken (abhängig von dem Kostenmodell Ihres Depotanbieters).

Sollten Sie einen hohen Hebel wünschen, müssen Sie ein Zertifikat wählen, das nah an der Knock-out-Schwelle ist, mit entsprechendem Risiko. Hier liegt der größte Nachteil. Ihre Strategie könnte aufgehen, es hilft nur nicht, wenn der Schein zwischenzeitlich ausgestoppt wurde.

Optionsscheine

Unbegrenzte Gewinnmöglichkeiten, das Risiko ist auf den Einsatz beschränkt und es droht kein vorzeitiger Knock-out. Das sind die guten Seiten von Optionsscheinen. Die schlechte ist der teure Preis bei hoher Volatilität.

Haben Sie eine Strategie, die mehrere Monate läuft und die Volatilität ist niedrig, kann sich der Einsatz lohnen. Optionsscheine eigenen sich auch, wenn Sie auf etwas setzen, was kaum einer für möglich hält, beispielsweise die Insolvenz eines Unternehmens im negativen Sinne oder die Kursverdreifachung innerhalb eines Jahres als positives Beispiel.

Discount-Optionsscheine

Oft verschmäht, da die Gewinnmöglichkeiten begrenzt sind. Dabei ist die Trefferquote bei Einsatz dieser Produkte am höchsten, da Sie hier nicht nur bei einem Sieg, sondern auch bei einem Unentschieden gewinnen können. Dazu sind die Produkte das einzig probate Mittel gegen eine hohe Volatilität, Sie können als Stillhalter auftreten, so wie es sonst nur die Profis mit Optionen können und die Zertifikate können nicht ausstoppen. Für mittelfristige Strategien sind die Scheine häufig eine gute Wahl.

Wenn Sie jetzt ein gutes Gefühl für die Wirkungsweise und den richtigen Einsatz der Hebelprodukte haben, fehlt noch das Risiko- und Money-Management, der vielleicht wichtigste Baustein für das Trading.

Risiko- und Money-Management

Als Hauptursache für Börsenmisserfolg gilt für viele der Anlegerfehler, Verluste laufen zu lassen und Gewinne zu schnell mitzunehmen. Das Aussitzen von Verlusten kann schnell das Portfolio in einen Bereich katapultieren, der nicht mehr aufzuholen ist. Ich erinnere an die Matrix, welche ich bei den Faktorzertifikaten gezeigt habe:

Verlust	Nötige Erholung
10%	11%
20%	25%
30%	43%
40%	67%
50%	100%
60%	150%
70%	233%
80%	400%
90%	900%

Abbildung 8: Der lange Weg zurück

Die Verlustbegrenzung ist somit ein wichtiger Baustein für den Börsenerfolg.

Das gilt auch für die Einsatzhöhe: die Höhe des spekulativen Portfolios insgesamt und die Höhe des Einsatzes für jeden einzelnen Trade. Diese wichtigen Punkte werden wir im letzten Kapitel behandeln.

Die Höhe des Trading-Kontos

Es heißt, man solle 3-6 Monatsgehälter Liquidität für unvorhergesehene Dinge im Leben auf der hohen Kante haben. Das hängt sicherlich auch davon ab, ob man Hausbesitzer ist oder welche familiären Verpflichtungen in Zukunft kommen könnten.

Laut Statista lag das durchschnittliche Nettogehalt 2023 in Deutschland bei ca. 2.300 Euro. Sechs Monatsgehälter wären somit 13.800 Euro. Das sollte nicht in schwankende oder schlecht liquidierbare Vermögensgegenstände angelegt werden. Wie viel darüber hinaus in Hebelprodukte investiert werden kann, hängt vom Ziel und vom Risikoappetit ab.

Mögliche Ziele:

» Vom Trading leben: Dafür müsste man sich erst einmal sicher sein, dass man so viel Ertrag generieren kann, dass es für das Leben reicht. Dazu muss der Ertrag regelmäßig und zuverlässig sein. Am regelmäßigen Ertrag aus Hebelprodukten scheitern leider viele.

» Reich werden: Dazu hatte ich bereits in diesem Buch etwas geschrieben. Wer gut traden kann, kann auch Geld verdienen, ohne sein Privatvermögen zu riskieren.

» Eine Zusatzrendite erwirtschaften: Es ist vielleicht das

häufigste Ziel und auch das realistischste. Dabei sollte der mögliche Totalverlust immer mit einkalkuliert werden, auch wenn wir mit Risikomanagement zumindest das Worst-Case-Szenario zu minimieren versuchen.

Vom Risikolevel bewegen wir uns mit Hebelprodukten auf dem zweithöchsten Level. Das höchste Risiko hätten Sie mit Optionen und Futures, da dort ein unendlicher Verlust, sowie definitiv eine Nachschusspflicht droht.

Wie viel auch immer Sie in Hebelprodukte investieren möchten – trennen Sie es gedanklich von Ihrem Vermögen und kalkulieren Sie den Totalverlust stets ein. Sie werden Verlustphasen haben, die hat auch jeder erfolgreiche Trader. In den Verlustphasen dürfen Sie nicht anfangen, unüberlegt zu handeln, nur weil der Verlust doch nicht verschmerzbar ist.

Den Stoppkurs richtig setzen

Handeln Sie CFDs, ist ein Stoppkurs absolute Pflicht, denn sonst wird Ihr CFD-Kontostand zum absoluten Verlustpotential. Sie definieren mit dem Stoppkurs, wie viel Risiko Sie bereit sind, für den Trade einzugehen.

Bei Knock-out-Zertifikaten können Sie nur einen Stopp auf den Zertifikate-Preis eingeben, der dann auch nur zu Öffnungszeiten der Zertifikate-Börse ausgelöst werden kann. Wollen Sie ein Stoppkurs setzen, welcher bei einem bestimmten Basiswertlevel zieht, müssen Sie umrechnen, wie viel Ihr Zertifikat bei dem gewünschten Basiswertlevel wert ist.

Bei Zertifikaten mit Volatilitätseinfluss können Sie verlässlich nur Stoppkurse auf den Zertifikate-Preis setzen.

In Trading-Büchern ist häufig von der 1-Prozent-Regel die Rede. Wer 10.000 Euro auf dem Trading-Konto hat, müsste seine Stopps so setzen, dass er 100 Euro (also 1 Prozent von 10.000) maximal verlieren kann. Haben Sie ein kleineres Trading-Konto oder einen größeren Risikoappetit, werden Sie zwangsläufig auf bis zu fünf Prozent gehen müssen.

CFDs

Die 1-Prozent-Regel kann pauschal nicht auf alle Strategien angewendet werden, deshalb präferiere ich eine andere Vorgehensweise, die für CFDs-Zertifikate gilt:

1. Unabhängig vom Geld mache ich mir Gedanken, welche Marktbewegung eintreten muss, in der mein Trade sehr wahrscheinlich nicht mehr in die Gewinnzone kommen kann, weil beispielsweise eine erhoffte Bodenbildung nicht eingetreten ist. Dieses Level halte ich erstmal als potenziellen Stoppkurs fest. Was ich hier in zwei Sätzen geschrieben habe, ist in der Praxis nicht leicht, aber oft entscheidend für den Trading-Erfolg. Wir befinden uns hier in der technischen Analyse, wenn ich Ausstiegsmarken suche.

2. Ich rechne aus, wie viel Euro ich absolut verliere, wenn ich einen CFD (in Höhe der Mindestlotgröße) abschließe und der gewählte Stopp ausgelöst wird. Alle Anbieter, die ich getestet habe, errechnen Ihnen das automatisch.

3. Jetzt errechne ich ein Worst-Case-Szenario und gehe davon aus, dass die Strategie fünfmal hintereinander schiefgeht.

4. Wenn Ihr Trading-Konto das Worst-Case-Szenario nicht aushält oder die Strategie sich dann in einer Verlustzone befindet,

die Sie vermutlich nicht mehr aufholen können, ist der Stopp nicht richtig gesetzt. Eventuell ist die Strategie auch nicht gut genug oder Sie haben zu wenig Geld auf dem Konto.

5. Sind Sie guter Dinge, dass der Stoppkurs richtig ist und die Strategie funktionieren kann, können Sie jetzt überlegen, wie viele Kontrakte Sie kaufen wollen oder können. Der Teil ist für das Money-Management relevant.

Knock-out-Zertifikate

Für Knock-out-Produkte ist die Vorgehensweise ähnlich, der Stopp wird jedoch auf den Zertifikate-Preis gesetzt. Jetzt müssen Sie aber noch stärker berücksichtigen, wie viel Sie investiert haben. Das Worst-Case-Szenario ist auch hier wichtig. Wo werden Sie stehen, wenn Ihr Zertifikat fünfmal hintereinander ausgestoppt wird? Müssen Sie dann schon das Trading beenden oder ist es ein verschmerzbarer (noch besser kalkulierter) Verlust?

Am einfachsten ist es, wenn Sie mit dem Totalverlust beim Zertifikat rechnen und das Ihre Basis für Ihr Risikomanagement ist. Damit hätten Sie alle Risiken einkalkuliert, die beim Handel mit Hebelzertifikaten passieren können, inklusive Emittenten-Insolvenz.

Der Basispreis, welcher auch die Knock-out-Barriere ist, wird zu Ihrem natürlichen Stoppkurs und das hat einen riesigen psychologischen Vorteil, der vielleicht entscheidet, ob Sie beim Trading Gewinn machen werden.

Wenn der natürliche Stopp, die Knock-out-Schwelle, erreicht wird, ist definitiv Schluss.

Sie können 200 Euro in Zertifikate A investieren, die schnell und automatisch ausstoppen oder für Zertifikat B (dessen Knock-out-Schwelle fünfmal weiter weg ist als die von A) 1000 Euro ausgeben und den Stoppkurs so platzieren, dass er gezogen wird, wenn Ihre Zertifikate 800 Euro wert sind. Theoretisch ist beides das Gleiche, auch Ihr Gewinnpotential, denn Zertifikat A hat eine deutlich höhere Hebelwirkung als B.

Ich zeige es Ihnen anhand eines Beispiels:

DAX steht bei 14.000 Punkten, Kein Aufgeld berücksichtigt

	A	B
Bezugsverhältnis	0,01	0,01
Basispreis / KO-Schwelle	13.800	13.000
Zertifikatepreis aktuell	2 EUR	10 EUR
Investierte Stückzahl	100	100
Gesamtinvestition	200 EUR	1000 EUR
Zertifikatepreis bei 13.800	0 (KO)	8 EUR
Verlust bei 13.800	200 EUR	200 EUR
Zertifikatepreis bei 14.200	4 EUR	12 EUR
Gewinn bei 14.200	200 EUR	200 EUR

Abbildung 9: Vergleich unterschiedlicher KO-Zertifikate

Das Beispiel ist theoretisch, in der Praxis werden Sie mit B mehr
Verlust machen. Die Gründe sind Folgende:

» Der Stoppkurs von B muss während der Öffnungszeit der
Zertifikate-Börse ausgelöst werden, um maximal 200 Euro
zu verlieren.

» Wird der Stoppkurs ausgelöst, ist das ein Trigger, der eine
Market-Order auslöst. Der nächstmöglichste Kurs ist Ihr
Ausführungskurs und dieser ist häufig schlechter (Slippage). Allein deshalb werden Sie mehr als 200 Euro zahlen.

» Für den Verkauf von B fallen Gebühren an. Das reicht auch,
um über 200 Euro zu kommen.

» Börsenpsychologie: Gerne wird der Stoppkurs kurz vor
dem Erreichen doch nochmal heruntergesetzt („Bei Erreichen, streichen"). Durch dieses Phänomen könnten nicht
nur 200 Euro Verlust entstehen, sondern im Extremfall
1.000 Euro.

Wenn die größte Anlegersünde „Gewinne begrenzen, Verluste
laufen lassen" ist, dann wäre das Problem zumindest für die Verluste mit dem Kauf von Zertifikat A erledigt. Zum Gewinne-Begrenzen komme ich noch.

Derivate mit Volatilität

Ein sinnvoller Stoppkurs ist bei Optionsscheinen und Discount-
Optionsscheinen kaum möglich. Ich kann maximal durch Stopp-
Marken an der Zertifikate-Börse meinen Investitionsverlust
schützen, bin dort aber auch auf Öffnungszeiten angewiesen.

Problematisch ist auch, dass ein kleiner Zertifikatspreis keine
höhere Hebelwirkung hat. Die Vorgehensweise von den Knock-
out-Zertifikaten gilt hier nicht. Die Hebelwirkung hängt an der

Wahrscheinlichkeit, ob bestimmte Basispreise überschritten werden und wie stark die Scheine ins Geld kommen können.

Wir können wieder die Investition und den möglichen Totalverlust als Risikobudget für den Trade nehmen. Die Scheine können nicht ausstoppen, manch abgeschriebener Schein hat es am Ende doch noch ins Geld geschafft. Gerade wenn es ein Put war, denn wenn sich etwas überraschend und schnell bewegt, sind es häufig die fallenden Kurse.

Wie viel investiert wird, hängt stark vom potenziellen Gewinn und dessen Wahrscheinlichkeit ab, denn wenn eine Investition nicht aufgeht, soll sie eine realistische Chance haben, in den nächsten Trades wieder ausgeglichen zu werden.

Take-Profit

Vorsicht Börsenpsychologiefalle!

Stellen Sie sich folgendes vor: Sie wollen ein Geschäft abschließen, den Stoppkurs setzen und ein Schließungslimit bei einer Gewinnsumme festlegen. Dieses Schließungslimit nennt man Take-Profit. Da Sie sicherlich vorhaben, so viel wie möglich zu verdienen, wird das Einrichten des Take-Profits vermutlich schwerfallen.

Zwei Gedanken gehen Ihnen durch den Kopf: Was ist, wenn ich die Gewinne mitnehme und damit noch viel größere Gewinne verpasse? Was ist, wenn ich im Gewinn bin, diesen nicht sichere und die Position am Ende wieder im Verlust ist?

Sind Sie mit einer Day-Trading-Strategie aktiv und setzen dort einen Take-Profit, wird Ihnen das Erreichen dieser Gewinnmarke vielleicht schwerer vorkommen als das Treffen des Stoppkurses, selbst wenn beide Marken gleich entfernt sind. Sollten Sie dann die Stopp-Marke weiter entfernt setzen, hat die Börsenpsychologie und Aversion vor Verlusten Sie erwischt. Denn wenn es wirklich wahrscheinlicher ist, dass die Stopp-Marke ausgelöst wird, die genauso weit wie der Take-Profit entfernt ist, müssten Sie die Seite wechseln. Also short statt long, oder umgekehrt positioniert sein. Ihr Take-Profit müsste dann Ihr Stopp sein.

Wenn Sie eine Strategie getestet und ein Gefühl haben, wie hoch Ihr CRV ist, wissen Sie, wo Ihr Take-Profit maximal liegen müsste, nämlich auf Höhe der Chance. Kennen Sie dazu die Trefferquote, wissen Sie, wie hoch der Take-Profit minimal sein müsste. Ist die Trefferquote bei 50 Prozent, wird der Take-Profit mindestens so weit entfernt liegen müssen wie der Stoppkurs. Besser wäre es, wenn er etwas weiter entfernt ist, wegen der Transaktionskosten.

John Murphy schreibt in seinem Buch „Technische Analyse der Finanzmärkte", dass die erfolgreichsten Futures-Trader eine Trefferquote von 40 Prozent haben. Das ist ein Brett, denn es bedeutet, dass 60 Prozent der Trades im Verlust enden (ein großer Anspruch an die Moral), aber auch, dass das CRV inklusive des Take-Profit hoch sein muss. Murphy spricht hier von einem CRV von drei.

Langfristigere Strategien könnten auch ohne Take-Profit auskommen. Hier bietet sich als Sicherungsmaßnahme ein rollierender Stoppkurs an. Er wird auch nachgezogener oder Trailing-Stopp-Loss bezeichnet.

Trailing-Stopp-Loss

Einen einmal gesetzten Stoppkurs sollte man niemals weiter vom Einstiegslevel weg verrücken oder gar streichen. Das Nachziehen des Stopps, wenn die Position für mich läuft, ist jedoch ein durchaus sinnvoller Teil des Risikomanagements. Das Risikomanagement soll nicht nur vor zu großen Verlustgeschäften schützen, sondern auch den Verlust von bereits erzielten Gewinnen vermeiden.

Eine Position kann ungehindert weiter in den Gewinn laufen und kein Take-Profit wird sie daran hindern, solange der Stopp-Loss nur nachgezogen wird. Es gibt bei den CFDs Programme, die das automatisch machen, was für kurzfristige Trades ok ist. Bei längerfristigen Trades muss neu eingeschätzt werden, wann eine Strategie beendet werden muss, denn zwischenzeitlich könnte sich die Volatilität des Basiswertes geändert haben. Eine stärkere Volatilität könnte sonst einen Stoppkurs zu früh auslösen, obwohl der Trend dieser Position weiter positiv ist. Das Setzen von Stopps ist bei Zertifikaten generell etwas unhandlicher. Umso wichtiger ist die richtige Einsatzhöhe, die uns zum letzten Punkt des Risiko- und Money-Managements führt.

Die richtige Einsatzhöhe

Den Stoppkurs richtig zu setzen, das ist eine Kunst und häufig der wichtigste Erfolgsfaktor. Verluste zu minimieren und potenzielle Gewinne nicht durch vorzeitiges Ausstoppen zu zerstören, ist ein ewiger Zielkonflikt beim Setzen des Stoppkurses. Hat man das richtige Maß gefunden, kann es morgen durch eine Änderung der Volatilität nicht mehr richtig sein.

Wie viel Sie investieren sollten, hängt von Ihrem Risikobudget ab (also Geld, auf das Sie verzichten können) und der Anzahl der Strategien, die Sie in Planung haben. Gerade dann, wenn einige dieser Strategien gleichzeitig laufen, müssen Sie das berücksichtigen. Dabei müssen Sie zwischen Zertifikaten und CFDs unterscheiden, denn für letztere hinterlegen sie lediglich eine Sicherheit.

CFDs

Wenn Sie ungefähr wissen, wie viel Verlust ausgestoppte Orders bei der Mindestinvestition (beispielsweise 0,1 Lot) machen, können Sie ein Worst-Case-Szenario durchspielen, indem Sie die Summe mal fünf nehmen. Dann haben Sie einen Verlusttopf, den Sie mit der Margin addieren und Sie erhalten Ihr Mindestbudget.

Beispiel: Ihre DAX-Strategie benötigt 25 Punkte Puffer, bis sie ausstoppt und beendet ist. Die Mindestinvestition ist beispielsweise 1 Lot, für die Sie 70 Euro Margin hinterlegen müssen. Ein Punkt kostet Sie 1 Euro, ein Ausstoppen (also der Stoppkurs würde erreicht) könnte Sie mindestens 25 Euro kosten. 25 mal 5 sind 125 Euro für den Verlusttopf. Wir addieren jetzt die 70 Euro Margin und wissen, dass wir mindestens 195 Euro für diese Strategie bereithalten müssen.

Ab jetzt können Sie den Einsatz auf Ihr Risikobudget skalieren. Sind Sie bereit, 1.000 Euro in diese Strategie zu investieren, können Sie 1.000 Euro durch 195 Euro teilen und sich errechnen, dass Sie fünf Lots abschließen können. Gleichzeitig haben Sie eine Erwartung, wie viel Geld im Worst-Case-Szenario verloren gehen kann.

Sie nähern sich der Einsatzhöhe von unten, also der Mindestinvestition und skalieren dann diese hoch. Sollten Sie einfach 1.000 Euro einzahlen und davon so viel Lots kaufen wie möglich, so werden Sie 14 Lots bekommen. Bewegt der DAX sich 71 Punkte gegen Sie (das war ein halbes Prozent, als ich das Buch schrieb), sind 1000 Euro weg. **Wenn Arbeitsmarktdaten in den USA veröffentlicht werden, dauert das zwei Sekunden!**

Sie können sich nicht vorstellen, dass jemand so bei der Berechnung der Einsatzhöhe rangeht? Es hat einen Grund, warum viele Kleinanleger in so kurzer Zeit ihr eingezahltes Geld mit CFDs verlieren. Selbst dann, wenn jemand nur fünf Lots kauft und ein Trade fünfmal schiefgeht, kann das schnell mehr als 600 Euro kosten.

Zertifikate

Bei Zertifikaten ist der maximale Verlust transparenter, er beläuft sich auf die Höhe des Einsatzes. Was die Einsatzhöhe betrifft, müssen wir jedoch viel stärker auf die Transaktionskosten achten. Prüfen Sie, was Kauf und Verkauf zusammen kosten und kalkulieren Sie diese Kosten als Rendite-schmälernd oder Verlust-verschärfend mit ein.

Kaufen Sie für 200 Euro Knock-out-Zertifikate, die einen großen Hebel haben, werden 30 Euro Transaktionskosten egal sein. Bei kleinen Bewegungen können sich Ihre Zertifikate verdoppeln (wertlos werden geht genauso schnell), da fallen die Kosten nicht ins Gewicht.

Investieren Sie jedoch in Discount-Optionsscheine, die tief im Geld sind, macht es keinen Sinn, 200 Euro zu investieren, wenn Sie nur noch 50 Euro verdienen können. Es sind zwar 25 Prozent

Brutto-Rendite, doch Transaktionskosten in Höhe von vielleicht 25 Euro können viel kaputt machen. Das Risiko, 200 Euro zu verlieren, ist trotzdem da.

Bei Zertifikaten mit begrenztem Gewinn muss die Investitionssumme so gewählt werden, dass Sie eine Rendite trotz der Transaktionskosten erwirtschaften können und gleichzeitig ein Totalverlust verschmerzbar ist.

Jetzt haben wir die wichtigsten Überlegungen zur Einsatzhöhe abgeschlossen und kommen zum letzten Punkt des Risikomanagements, der Diversifikation.

Diversifikation

Sie können eine Strategie perfekt bis ins Detail durchgeplant haben, diszipliniert sein, die Stopps vernünftig setzen und sich an Ihren Plan halten. Fast alle Strategien leiten sich aus historischen Mustern der Vergangenheit ab und haben den Makel, dass die Vergangenheit keine Garantie für die Zukunft ist. Es kann jederzeit vorbei sein mit einer Regelmäßigkeit oder Anomalie, vielleicht auch nur temporär. Damit Ihr Gesamtdepot durch das Fehlschlagen einer Strategie nicht ruiniert wird, werden Sie um eine Streuung, also das Setzen auf unterschiedliche Strategien, nicht herumkommen.

Es heißt „breit gestreut, nie bereut" oder „lege nicht alle Eier in einen Korb" und an dem Effekt der Diversifikation ist viel Wahres dran, vor allem in Bezug auf Risikomanagement. Aber allein risikoreduzierend ist Diversifikation nicht. Sie eröffnet auch mehr potenzielle Gewinne und ist gut für die Börsenpsychologie. Haben Sie eine Strategie mit nur einem Trade pro Woche oder gar Monat, wird Sie eine gewisse Langeweile in der Zeit dazwischen vielleicht verleiten, Bauchtrades zu machen. Doch Diversifikation heißt nicht nur, mehrere Strategien in der Umsetzung zu haben. Es heißt auch, dass Ihr Wohl und Wehe nicht von der Solvenz eines Emittenten oder CFD-Anbieters abhängig ist.

Das größte Risiko, das Sie eingehen können, ist das gleichzeitige Setzen auf mehrere Strategien an einem Markt. Ein Markt heißt entweder Aktienmarkt, Rentenmarkt oder Rohstoffmarkt. Japanische Aktien und Aktien aus Europa oder USA sind ein und derselbe Markt. Sie können sich unterschiedlich stark entwickeln, aber entgegengesetzt ist zumindest kurzfristig unwahrscheinlich. Sollten Sie eine Short-Position auf den Nikkei haben und gleichzeitig eine auf den S&P 500, so ist das keine Diversifikation, sondern doppeltes Risiko, denn beide werden sich in die gleiche Richtung bewegen, selbst wenn eine Nachricht auftaucht, die eigentlich nur ein amerikanisches Problem ist, wie Zinserhöhungen in den USA.

Die sicherste Diversifikation haben Sie, wenn Sie einen großen Teil Ihres Trading-Guthabens als Cash lassen. Ist immer nur maximal 10 Prozent Ihres Guthabens investiert, so werden Sie jeden Börsencrash verschmerzen. Es gibt Tage, da fällt alles, weil Investoren nur eine Richtung kennen – die in das Cash. Da hilft es auch nicht, wenn Sie in Renten, Rohstoffen und Aktien unterwegs sind.

Die Stopps richtig setzen, über den potenziellen Take-Profit eine Vorstellung haben, die Einsatzhöhe richtig wählen und auf Diversifikation achten. Das ist für das Risiko- und Money-Management wichtig und jeder wirklich dauerhaft erfolgreiche Trader wird bestätigen, dass das einer der wichtigsten Bausteine zum Erfolg ist.

Wie es nun weitergehen kann

Wie geht es jetzt weiter? Sie fangen gar nicht erst an mit Hebelprodukten zu handeln oder probieren es nur mit wenig Geld, bei dem eventuell ein Totalverlust einkalkuliert ist? Dann war dieses Buch möglicherweise eine der besten Investitionen in Ihrem Leben. Die meisten Privatanleger kaufen einfach etwas und verlieren schnell mehrere tausend Euro.

Sollten Sie jedoch mit Hebelprodukten traden wollen, haben Sie mit dem Buch eine wichtige Grundlage geschaffen. Es reicht jedoch nicht, um erfolgreich zu sein.

Allein das richtige Setzen von Stoppkursen ist so komplex, dass hier die Erfahrung jegliche Literatur oder Video-Tutorials schlägt. Das Gute ist, dass Sie diese Erfahrung sehr schnell machen. Wenn Sie mehrere Trades machen, können Sie im Nachgang ohne mathematische Kenntnisse analysieren, ob Ihre Stoppkurs-Taktik Ihnen das Konto gerettet, gecrasht oder die großen Gewinne verdorben hat. Sie werden sehr schnell und motiviert lernen, denn je länger Sie Erfahrungen sammeln müssen, desto mehr Geld haben Sie möglicherweise auf dem Weg dahin verloren. Allein deshalb sollte der Einsatz am Anfang so gering wie möglich sein.

Als ich für die Buchrecherche bei mehreren CFD-Brokern Konten eröffnet habe, habe ich nur den Mindesteinsatz eingezahlt. Klein anfangen und nur wenn dauerhaft sich Gewinne einstellen, kann der Einsatz gesteigert werden.

Wenn Sie sich zu meinem Börsennewsletter anmelden, können Sie mich weiter an den Finanzmärkten begleiten (https://mariso-akademie.de/mariso-akademie-borsennewsletter/). In dem Newsletter berichte ich unter anderem regelmäßig über das Sentiment, und die daraus abgeleitete Trefferquote ist enorm. Was ich in der Vergangenheit prognostiziert habe und was daraus geworden ist, habe ich transparent auf der Newsletter-Anmeldeseite hinterlegt. Der Newsletter ist kostenlos und ich verkaufe darin keines Coachings oder Ähnliches.

Ich habe auch die Bibeln zur technischen Analyse (Murphy, Bollinger, etc.) oder auch zu diversen Nebendisziplinen, wie Mindsets, gelesen. Dazu habe ich mir viele Onlinevideos angeschaut. Welche Bücher in meinen Augen gut und welche eher mit Vorsicht zu genießen sind, finden Sie auf: https://mariso-akademie. de/tradingbuecher/. Auch gute YouTube-Kanäle empfehle ich auf dieser Seite.

Für den Traum, an der Börse mit wenig Einsatz schnell zum Millionär zu werden, sind Hebelprodukte nicht geeignet. Dafür ist ein kontinuierliches Sparen in ETFs, abhängig von der Sparplanhöhe, erfolgversprechender, nur geht es leider nicht schnell. Eine Zusatzrendite können Hebelprodukte durchaus erwirtschaften, wenn sie vorsichtig und mit Strategie eingesetzt werden.

Mich haben im Vorfeld zu diesem Buch einige Fragen erreicht, die ich auch abzuhandeln versucht habe. Für zukünftige Fragen, die noch offengeblieben sind, können Sie mir gerne schreiben: marian.sommer@mariso-akademie.de. Sollte Ihnen dieses Buch gefallen haben, würde ich mich über eine Rezension freuen.

Sollten Sie an der Börse aktiv sein, seien Sie stets misstrauisch gegenüber Wirtschaftsmeldungen, denken Sie immer daran, was 80 Prozent der Anleger machen werden und behalten Sie einen kühlen Kopf.

Ich wünsche Ihnen viel Erfolg an den Finanzmärkten!

Marian Sommer

Mariso Akademie

Glossar

Am Geld: Der Strike einer Option ist ungefähr in der Höhe des Kurses vom Basiswert, auf das sie sich bezieht.

Angstbarometer: Indikatoren wie der Volatilitätsindex, die darauf hinweisen, dass die Anleger mehrheitlich ängstlich und pessimistisch gestimmt sind.

Aufgeld: Eine Art Sicherheitspuffer des Emittenten. Ein Aufschlag auf den Zertifikatspreis. Dieser stellt sicher, dass der Emittent beim Ausstoppen eines KO-Zertifikates keinen Verlust erleidet.

Aus dem Geld: Der Strike einer Option ist in einer Höhe, bei der der Schein wertlos wäre, wenn aktuell das Laufzeitende erreicht wäre.

Ausübung: Das Recht einer Option, einen Basiswert zu kaufen oder zu verkaufen, wird wahrgenommen.

Ausübungspreis: Der Preis, zu dem eine Option berechtigt, zu kaufen oder zu verkaufen.

Barausgleich: Eine Option, die ausgeübt wird oder das Laufzeitende erreicht und für die Geld ausgezahlt wird. Eine Basiswertlieferung findet hier nicht statt.

Bärenmarkt: Eine längere Zeitperiode, in der Kurse fallen.

Basiswert: Ein handelbares Investitionsobjekt (beispielsweise Aktien, Indizes, Renten, Rohstoffe).

Bearisch: Eine Stimmungslage oder ein technisches Signal, welches fallende Kurse erwartet.

Bezugsverhältnis: Zeigt, wie viele Einheiten vom Basiswert mit dem Hebelprodukt bewegt werden.

Bullenmarkt: Ein Markt mit stark und länger anhaltend steigenden Kursen.

Bullisch: Eine Stimmungslage oder ein technisches Signal, welches steigende Kurse erwartet.

Call: Die Option, einen bestimmten Basiswert zu einem definierten Zeitpunkt zu einem festgelegten Preis zu kaufen.

CRV: Chance/Risiko-Verhältnis einer Strategie. Je höher, desto mehr Gewinn oder weniger Verlust ist zu erwarten.

Day-Trading: Das Öffnen und Schließen eines Handelsgeschäftes innerhalb eines Tages.

Delta: Kennzahl, die zeigt, wie sich ein Hebelprodukt vom Preis bewegt, wenn sich eine Einheit vom Basiswert ändert.

Delta-1: Hebelprodukte, bei denen die Volatilität keinen Einfluss auf deren Preis hat.

Discount-Optionsscheine-Plus: Wird der Basiswert während der Laufzeit nie erreicht, verdient dieses Zertifikat die maximale Auszahlung.

Drawdown: Der Abstand zwischen dem besten und schlechtesten Kurs innerhalb einer Zeitperiode.

Eigenhändler: Ein Händler, der für ein Finanzinstitut mit Risiko Finanzmarktgewinne zu erwirtschaften versucht.

Emission: Das auf-den-Markt-Bringen eines Zertifikates.

Emittent: Das Finanzinstitut, welches Hebelzertifikate ausgibt.

Falsche Seite: Wenn irrtümlich gekauft statt verkauft wird oder umgekehrt.

Flat: Wenn ein Händler weder eine Kauf-, noch eine Verkaufsposition offen hat.

Forward: Ein individuell vereinbartes Geschäft, ein Produkt in der Zukunft zu kaufen oder verkaufen. Der Preis dafür wird in der Gegenwart festgelegt.

Futures: Ein von einer Börse standardisiertes Geschäft, ein Produkt in der Zukunft zu kaufen oder verkaufen. Der Preis dafür wird in der Gegenwart festgelegt.

Futures-Rolle: Ein Future, dessen Laufzeitende erreicht wird, wird durch einen länger laufenden Futures ersetzt.

Gamma: Die Veränderungsgeschwindigkeit des Delta. Sie ist besonders hoch, wenn der Basiswert auf Höhe des Strikes ist und das Laufzeitende nah.

Gap-Problem: Wenn ein Markt schließt und Stunden später mit einem völlig anderen Kurs aufmacht, kann zwischen Schluss und Eröffnungskurs kein Stoppkurs schützen.

Hebelprodukte: Alle Produkte, deren Preis sich überproportional zum dazugehörigen Basiswert ändert.

Hebelzertifikate: Siehe Hebelprodukte. Zertifikate werden jedoch von Emittenten ausgegeben.

Hinten: Eine Investition oder ein Trade ist im Verlustbereich.

Historische Volatilität: Die Schwankungsintensität eines Basiswertes in der Vergangenheit.

Im Geld: Der Strike einer Option ist in einer Höhe, bei der der Schein werthaltig wäre, wenn aktuell das Laufzeitende erreicht wäre.

Implizite Volatilität: Die erwartete Schwankungsintensität eines Basiswertes in der Zukunft.

Initial Margin: Eine hinterlegte Sicherheitsleistung für ein Hebelprodukt. Sie soll sicherstellen, dass Verluste ausgeglichen werden können.

Investition: Der Kauf von Finanzmarktprodukten, mit dem Ziel, sie längerfristig zu halten.

Kassamarkt: Der Markt, an dem Aktien, Renten, Währungen oder Rohstoffe gehandelt werden.

Kontrahent: Derjenige, der die Gegenposition zum Hebelproduktebesitzer einnimmt.

Kontrahenten-Risiko: Das Risiko, dass ein Kontrahent nicht zahlen kann und wird, auch wenn er müsste.

Kontrakt: Eine Einheit eines Hebelprodukts.

Laufzeit: Das Verfalldatum eines Produktes. Hebelprodukte laufen nie unendlich.

Leerverkauf: Der Verkauf eines geliehenen Produktes am Kassamarkt, welches bei Leihende zurückgekauft werden muss.

Leihemarkt: Der Markt, an dem Finanzprodukte geliehen werden können, um sie zu verkaufen und später günstiger zurückzukaufen.

Long: Eine Position, mit der steigende Kurse eines Basiswertes erwartet werden.

Margin: Der tägliche Gewinn- und Verlustausgleich gegenüber einem Kontrahenten, welcher für institutionelle Anleger verpflichtend ist.

P/L: Die aktuelle Höhe des Gewinnes oder Verlustes.

Position: Die erwartete Marktrichtung, auf die spekuliert wird.

Positioniert: siehe Position

Privater Investor: Jemand, der nicht für ein Finanzinstitut oder für einen Fonds handelt.

Professioneller Investor: Jemand, der für ein Finanzinstitut oder für einen Fonds handelt.

Profitfaktor: Kennzahl, die angibt, wie viel Geld pro investiertem Euro mit einer Strategie voraussichtlich verdient wird.

Put: Die Option, einen bestimmten Basiswert zu einem definierten Zeitpunkt zu einem festgelegten Preis zu verkaufen.

Rho: Preisempfindlichkeit einer Option gegenüber Zinsänderungen.

Seite: Die Marktrichtung, in die mittels Hebelprodukt gesetzt wird.

Selbstständiger Fondsmanager: Ein Fondsmanager, der einen Fonds verwaltet, welcher nicht von einer Fondsgesellschaft gemanagt wird.

Sentiment: Marktstimmung.

Short: Eine Position, mit der fallende Kurse eines Basiswertes erwartet werden.

Slippage: Die Differenz zwischen dem Preis, den man bei Geschäftsabschluss erwartet und dem eigentlichen Ausführungskurs.

Stillhalter: Derjenige, der ein Produkt verkauft, eine Prämie dafür erhält und hofft, dass das Produkt wertlos wird.

Strike: Siehe Ausübungspreis.

Theta: Veränderung des Optionspreises, wenn die Laufzeit einen Tag kürzer wird.

Trades: Anderes Wort für Handelsgeschäfte.

Trading: Strategien, bei den Produkte nur sehr kurz gehalten werden.

Trefferquote: Kennzahl, wie oft eine Strategie in der Gewinnzone war oder wahrscheinlich zukünftig sein wird.

Underlying: Englischer Begriff für Basiswert.

Variation Margin: Siehe Margin.

Vega: Kennzahl, die angibt, wie sehr sich der Preis einer Option ändert, wenn sich die Volatilität ändert.

Verbriefung: Wenn aus einem professionellem Finanzprodukt ein Wertpapier für Privatanleger erstellt wird.

Verfallen: Der Ablauf eines Hebelproduktes.

Vorne: Eine Investition oder ein Trade ist im Gewinnbereich.

Zeitwert: Der Wert einer Option, welcher unabhängig vom Kurs des Basiswertes ist.

Zertifikate: Ein Wertpapier mit Emittentenrisiko, welches einen Wert hat, der vom Kurs eines anderen Produktes abhängig ist.

Zertifikatebörsen: Börsen für Privatanleger wie Euwax oder Scoach.

Über den Autor

Marian Sommer, Jahrgang 1980, hat Volkswirtschaftslehre mit Schwerpunkt Investment Banking an der Technischen Universität Chemnitz studiert.

Während seines Studiums sammelte er auf dem Kapitalmarkt durch Praktika im Retail Banking und in einer Investor Relations-Abteilung, sowie durch eine Mitgliedschaft im Börsenverein, Praxiserfahrung.

Seine Karriere startete er in der Zertifikate-Abteilung einer Investmentbank und wechselte danach in das Portfoliomanagement einer Fondsgesellschaft. Dort betreut und implementiert er in leitender Position die Investmentstrategien von Investmentfonds.

Unter dem Label „Mariso-Akademie" hat er bereits die Bücher „Das Einmaleins der Börse für Einsteiger" und „Börsenfilme verstehen" veröffentlicht.